Monika Kleppek

Hilfe! Alleinerziehende Mutter braucht einen Job, halbtags!

Impressum

Monika Kleppek

Hilfe! Alleinerziehende Mutter braucht einen Job, halbtags!

Bibliografische Information der Deutschen Bibliothek:

Die Deutsche Bibliothek verzeichnet diese Publikation in der Deutschen Nationalbibliographie; detaillierte bibliographische Daten sind im Internet unter http://dnb.ddh.de abrufbar.

ISBN 978-3-83918-461-5

Herstellung und Verlag: Books on Demand GmbH, Norderstedt

Hilfe! Alleinerziehende Mutter braucht einen Job, halbtags!

Ich war Büglerin in unserem Ort, in einem Altenheim. Ich hasste diesen Job. Angenommen hatte ich ihn nur, weil ich als alleinerziehende Mutter keine Chance hatte, eine interessante Arbeit, die meinem Kopf und gleichzeitig meinem Geldbeutel gut getan hätte, zu ergattern.

Eines Tages, als ich wieder in dieser bescheuerten Wäscherei vor mich hin arbeitete, da bügelte ich wieder einmal für eine „Alte", die ihre Bluse mit Bügelfalte zum Kaffeeklatsch mit ihrem Nachbarn gebügelt haben wollte (denn sie war mit 85 Jahren noch scharf auf ihn). Dabei hatte ich diese eigenartigen Gedanken in meinem Kopf.

Was wollte mir mein Vater damals, als ich 20 Jahre alt war, eigentlich sagen? Sollte ich mein Leben so weiter führen wie bisher, bis ans Ende aller Tage. So leben, wie die Dame, deren Bluse ich gerade bügelte. Oder hatte er Angst um mich, dass ich eines Tages so enden könnte wie die Dame, deren Bluse schon jetzt unter Dampf stand? Mein Vater hatte immer genügend Bügelfalten in seinen Hemden, dafür sorgte meine Mutter schon. Aber lohnte sich eine Ehe, nur wegen perfekter Bügelfalten?

Ich habe diesen dummdödeligen Bügel-Job nur angenommen, weil es mich im Winter in diesen verstaubten Büros immer so friert. Denn beim Bügeln war dies nicht der Fall. Im Gegenteil, es waren gefühlte 65

Grad an dieser Heißmangel, neben dem Trockner, der mir ununterbrochen verpieselte Luft einhauchte. Außerdem arbeitete ich auf geringfügige 400 €. Wer kann dies Geld nicht zusätzlich gut brauchen?

Meine Arbeitskollegin war eine Natter. Ich konnte sie absolut nicht leiden. Sie war die personifizierte Egomanin ihrer selbst. Diverse Male hat sie mich bei unserer Chefin verpetzt, obwohl ich unschuldig war. Allerdings muss ich zugeben, es gab eine Ausnahme:

Da habe ich mich, nachdem sie mich verpfiffen hatte, in den Vorratsraum der Küche geschlichen. Dort habe ich eine Dose Sardellen geklaut. Die habe ich dann bei 35 Grad Hitze in der Wäschekammer geöffnet. Zwei Sardellen habe ich dann in die dort abgelegte Handtasche der Kollegin gestopft. Eine Sardelle zwischen Handy und der Zigarettenschachtel, die zweite platzierte ich über ihren ekeligen pinken Lippenstift und die Tampons. Das tat gut. Und sie weiß bis heute nicht, wer ihr das angetan hat. Das tut mir noch heute gut, wenn ich daran denke.

Mein einziges Überlebenshilfsmittel war damals ein Radio. Das brachte ein wenig Ablenkung in den grauen Tag. Dieses Radio plärrte den ganzen Vormittag so laut, dass ich die meisten Anweisungen der – einer Natter ähnlichen –Arbeitskollegin überhörte. Ich wusste schon warum, denn die Ratschläge dieser menschlichen Natter waren wirklich Blödsinn im Quadrat gewesen.

Meine Natter trug einen Damenbart. Der war nicht zu übersehen. Einmal hatte ich, hormonell bedingt, einen Pickel am Kinn. Die Natter hatte nichts Eiligeres zu tun, als mich darauf anzusprechen. Es gab ja auch nichts Wichtigeres in dieser Wäschekammer zu besprechen, als mein Pickel am Kinn! Zufällig lief dann im Radio das Lied der Ärzte mit dem Titel: „Lasse Reden". Da hat die Natter ordentlich laut mitgesungen, bis zur Stelle: „Rasierst du dir täglich deinen Damenbart, oder…?".

An dieser Stelle hörte sie schlagartig auf zu singen. Was für eine komische Situation? Ich musste lachen. Natürlich so laut, dass sie spürte, warum! Da war ich richtig stolz auf meinen Pickel am Kinn, denn ich wusste, dass er nach drei Tagen wieder verschwindet. Irgendwie überlegte ich, ob ich ihr ein Epilier-Gerät schenken sollte. War dann aber, Gott sei Dank, für eine solches Geschenk zu geizig!

Nach dem Tod meines Vaters wurden mir ein paar Anteile seiner Firma überschrieben. Und deswegen habe ich im Altenheim einfach gekündigt. Nach einigen Tagen konnte ich diese Natter-Stimme in der Wäscherei nicht mehr ertragen. Ich habe dann den Bügel-Job hingeschmissen. Außerdem wollte ich nicht, dass es auffiel, dass eine Dose Sardellen aus dem Vorratsraum fehlte.

Danach bewarb ich mich bei einer Firma, die in jedem schicken Auto ein Schiebedach einbaut, egal, ob das nun zum Auto passt oder nicht. Ich bewarb mich „Halbtags", denn ich habe eine Tochter im zarten Alter von sieben Jahre zu versorgen. Ich war auch mal verheiratet, weil ich meinem Vater damals nicht so genau zugehört hatte. Die Ehe hielt nur zwei Jahre lang. Die Scheidung war die beste Ent-Scheidung, die ich je in meinem Leben getroffen habe. Der „Erzeu-

3

ger" meiner Tochter kümmerte sich nie um sie und das ist in unserem Fall vermutlich besser so.

Was hat mein Vater mir denn damals eigentlich genau gesagt? Ich weiß es nicht mehr. Ich glaube, es war so etwas wie:

Verliebe dich oft, verlobe dich selten, aber heirate nie. Das wusste ich doch schon längst. Aber ich glaube er wollte mir damit sagen: Habe genügend hopp la popps und verpflichte dich nie! Und pass auf, dass es keine hoppala Kinder gibt. Danke Papa, das wusste ich ja noch gar nicht.

Vor dem Bewerbungsgespräch hatte ich Muffensausen. So kann man es sagen, denn nach einem Bügel-Job im Altenheim hat man kein Selbstwertgefühl mehr, es sei denn, man trägt einen Damenbart und hat keinen Pickel am Kinn. Mein Pickel war zwischenzeitlich verheilt.

Die Firma, bei der ich mich bewarb, war rund fünfzehn Kilometer von meiner Wohnung entfernt. Sie schrieben der Job wäre halbtags und vormittags. Na, das wäre ja endlich mal ein Job, bei dem ich Kinderversorgung und Geldverdienen unter einen Hut bringen könnte. Allerdings hatte ich wenig Hoffnung den Job zu bekommen, denn solch eine Annonce stand nur einmal im Jahr in der Zeitung. Und da bewarben sich dann vermutlich jede Menge alleinerziehender Mütter, und viele Mütter, die sich unbedingt was dazu verdienen mussten, damit ihre Kinder was zu beißen hatten. Außerdem fragte ich mich: Wieso sollten die gerade mich nehmen? Ich habe nicht studiert! Aber einen Versuch sollte es wert sein, damit ich später zu mir sagen kann, ich habe doch alles probiert. Und das Arbeitsamt sollte sich doch über eine gute Statistik am Jahresende freuen! Dazu wollte ich beitragen! Brech!

Die besagte Firma baute Schiebedächer in alle möglichen Automodelle ein. Sie suchten, wie gesagt, eine Empfangssekretärin, halbtags, vormittags. Mit guter Qualifikation, die ich beim besten Willen nicht vorweisen konnte. Aber ich ließ diese Gelegenheit nicht aus und kämpfte verbissen. Denn ich wollte nicht länger den ganzen Tag Damenbärte anschauen. Und Radio hören kann ich auch anderswo. Außerdem wollte ich die Arbeitslosenquote um eine Arbeitslose verringern. Dann hätte ich meinen gesellschaftlichen Beitrag geleistet, dann könnte ich stolz auf mich sein, wenn die Arbeitslosenstatistik in den Nachrichten kommt und ich dieses Mal nicht dabei bin. Denn bisher kommt es mir irgendwie vor, dass ich persönlich eine gewisse Mitschuld an der hohen Arbeitslosenquote habe.

Ich schickte also meine Bewerbung per E-Mail ab. Bereits eine Stunde später erhielt ich eine Einladung zu einem persönlichen Vorstellungsgespräch. Ich konnte das kaum verstehen, denn ich hatte ja nur kurz geschildert, was ich über dieses Unternehmen wissen wollte und den Lebenslauf, die Zeugnisse, etc. als Anhang mitgeschickt. Noch nicht mal ein Foto war bei den Unterlagen dabei, denn ich besitze unglücklicherweise keinen Scanner.

Egal, ich hatte wieder einmal ein Vorstellungsgespräch, das sechzigste meines Lebens. Eine hoffnungsvolle Perspektive gab mir das nicht, aber da das

Gespräch vormittags stattfand und es mir ohnehin langweilig war, ging ich hin.

Meine Tochter Lena, genannt Schnackchen, hüpfte an diesem Vormittag fröhlich aus den Federn. Ich machte Frühstück, öffnete eine Dose Futter für unseren Kater Bobby, für Schnackchen`s Pause belegte ich eine Semmel mit Salami und einen Zitronentee bekam sie auch noch. Dann noch ein Toast mit Nutella, einen Kaffee für mich, damit ich wieder geradeaus schauen konnte. Gleichzeitig zog ich mich an, malte mir Schminke ins Gesicht. Dann brachte ich Lena zur Schule. „Ich hol dich um Eins ab", schrie ich Lena hinterher, aber das hörte sie wohl nicht mehr, denn sie warf wie jeden Tag, ohne zu reagieren, die Autotür zu und rannte in die Schule. *„Armes Kind"*, denke ich dann immer, *„wie überlebst du das nur jeden Tag?"*.

Anschließend ging es wieder Heim. Ich kramte Pfandflaschen, Altpapier und Plastikmüll zusammen, denn ich wollte mal wieder diesen ganzen Ballast im Supermarkt und auf dem Wertstoffhof loswerden. In unserem Ort öffnet der Wertstoffhof erst um zehn Uhr. Deshalb setzte ich mich entspannt vor den Fernseher, um die Wiederholung meiner Lieblingsserie zu schauen, die ich schon am Vortag gesehen hatte. (Es könnte ja sein, dass ich gestern eine Stelle verpasst habe, die ich unbedingt sehen muss! Das war aber leider nicht so!)

Ich machte mir eine weitere Tasse Kaffee, denn ich hatte ja noch ewig Zeit, da das Vorstellungsgespräch erst für elf Uhr geplant war. Da konnte ich ja noch schnell meine Pfandflaschen abgeben und noch ein paar Dosen Katzenfutter besorgen. Meine Beine lagen gemütlich auf dem Couchtisch. Als die Serie vorbei war, schaute ich auf die Uhr. Ich erschrak und fuhr hoch. Mensch, es war bereits 10 Uhr. Jetzt musste alles ganz schnell gehen. Ich packte die Tüten mit dem Müll ins Auto und fuhr los.

Die Tüten waren schnell in der Tonne entsorgt, nur beim Einkaufen und bei der Rückgabe der Pfandflaschen dauerte es wieder etwas länger. Eine Frau stand vor mir, die mir den letzten Nerv raubte. Sie hatte eine große Tüte Pfandflaschen dabei, die sie mit aller Seelenruhe in den Pfandautomaten stopfte. Zehn Minuten später war sie fertig. Nun durfte ich meine Pfandflaschen in den Automaten stecken, der aber bereits nach der dritten Flasche laut piepte. „Bitte kontaktieren sie einen Mitarbeiter", stand da. Ich schaute mich händeringend nach einem Mitarbeiter um, aber die waren alle an der Kasse beschäftigt.

Also nahm ich schnell meine Flaschen wieder mit, schnappte mir drei Dosen Katzenfutter und stellte mich in der Warteschlange an der Kasse an. Komisch, genau in diesem Moment waren die Mitarbeiter allesamt nicht mehr an der Kasse beschäftigt. Nein, die waren inzwischen mit dem Pfandflaschenautomaten beschäftigt. Vor mir wieder diese Frau, die genau an diesem Vormittag für einhundert fünfzig Euro einkaufen musste! Sie bot mir nicht mal an, mich mit meinen drei Dosen vorzulassen. Zehn Minuten später war ich endlich an der Reihe… und dann war die Papierrolle an der Kasse leer. Bis die Kassiererin die Rolle umständlich gewechselt hatte, dauerte es nochmals drei Minuten.

„Warum passiert so etwas ausgerechnet immer mir?", fragte ich mich. Doch dann beruhigte ich mich, denn ich konnte es ja noch locker schaffen, pünktlich zum Vorstellungsgespräch zu kommen.

Ich kam drei Minuten zu spät. „Sie sind drei Minuten zu spät!", sagte mir ein – einem Anwalt ähnlich aussehender –Anzugträger mit türkisfarbenem Hemd, grün-gelb-karierter Krawatte, Anfang sechzig. „Entschuldigen sie bitte, die Ampeln waren alle auf rot, zusätzlich hatte ich drei schleichende Traktoren vor mir, die wohl ihre Ernte einfuhren", entschuldigte ich mich.

Der Juniorchef, neben dem Anzugträger sitzend, sah grinsend in seine Akten. Er war wohl zwei bis drei Jahre jünger als ich. Er hatte eine Mappe vor seinem Gesicht, weshalb ich ihn nicht richtig erkennen konnte, als ich den Raum betrat. Noch ein weiterer Mann saß dabei, der mir wie der Bruder des Juniorchefs erschien. „Hallo, ich bin Astrid Lindner, ich habe mich bei ihnen um die Stelle als Empfangssekretärin beworben. Ich sehe, dass sie bereits meine Unterlagen haben!", sagte ich mit zittriger Stimme. Vor lauter Aufregung hatte ich augenblicklich den Drang zu pinkeln. *"Zwei Tassen Kaffee am Morgen sind wohl einfach zu viel für mich!"*.

„So, Frau Lindner, erzählen sie doch mal, was sie in der letzten Zeit gearbeitet haben?", fragte mich der Anzugmensch. *„Meine Güte, was bist du nur für ein Dummdödel? Wozu habe ich dir denn meinen Lebenslauf zugeschickt?"*, dachte ich eine hundertstel Sekunde lang. Dann beschrieb ich aber alle Stationen meines Lebens:

Dass ich

- von 1976-1982 in der Hauptschule war.

- 1986 den „Qualifizierten Hauptschulabschluss", bestanden hatte. (Die Nachhilfe dafür erwähnte ich nicht!)

- von 1986 bis1987 eine Berufsausbildung zur Kinderpflegerin durchlief. (Ohne Nachhilfe!)

- danach ein Jahr lang versucht habe, die „Mittlere Reife", zu erlangen, leider ohne Erfolg. (Das ließ ich – ehrlich gesagt – aus!)

- von 1988 bis 1991 eine Ausbildung zur Kauffrau im Einzelhandel in einem renommierten Haus in München absolviert habe. (Aber nur, weil mein Bleistift das Zufallsprinzip verstanden hatte und im Fach „Buchhaltung", auf die richtigen Antwortkästchen fiel. Auch das habe ich verschwiegen!)

- von 1992 bis 1995 in der Qualitätssicherung eines Chemiekonzerns tätig war. (Weil diese Firma sich Erstens „praktischerweise um die Ecke befand", und Zweitens „schon 700 Beschäftigte hatte, und es auf den 701-ten Dummdödel damals nicht ankam. Auch das verschwieg ich. (Eine sehr gute Kantine hatten die übrigens!)

- von 1995 bis 1996 meinen Vater gepflegt habe, bis er 1997 verstorben ist. (Dass ich in dieser Zeit einen auf „arbeitslos", gemacht habe, da mir mein Vater wichtiger war als mein Job, auch das verschwieg ich!)

- von 1996 bis 1997 als „Textile Verkaufsberaterin", arbeitete ich in einer Firma am Starnberger See. (Dort war ich kürzer als angegeben, denn ich bekam damals ein Kind und wollte das Erziehungsgeld mitnehmen. Und der See war so schön!)

- von 1997 bis 1999 im Erziehungsurlaub war. (Die schönste Zeit meines Lebens! Immer Mittagsschläfchen mit der Kleinen! Das wollen die doch eh nicht hören!)

- von 2000 bis 2004 Büroangestellte im väterlichen Betrieb im Bereich Kasse, Telefon, Terminvergabe und Mietwagen war. (Ich fühlte mich dort sauwohl!)

- von 2004 bis 2005 eine berufliche Neuorientierung durchlief. (So heißt das, wenn man mal wieder arbeitslos ist und den elterlichen Betrieb verpachten musste, weil der damalige Geschäftsführer in Rente ging und ich nun mal kein Mann war!)

- im Jahr 2006 deswegen aus Frust ein Kinderbuch veröffentlichte. (… das bis heute keine Sau lesen will!)

- von 2007 bis 2008 als Büroangestellte in einem Internet-Auktionshaus arbeitete. (Der Laden machte nach zwei Monaten pleite, war doch klar! Aber ich half den ganzen Ramsch zu entsorgen, den niemand haben wollte! Für umsonst!)

- im Jahr 2008 wieder berufliche Neuorientierung anstand ". (Weil ich Frau bin und ein Kind habe!)

- im Jahr 2009 einen geringfügigen 400 € Job in einem Altenheim in der Wäscherei annahm, der Bügel-Job! (Die stinkenden Sardellen in der Handtasche meiner Arbeitskollegin erwähnte ich allerdings nicht!)

„So, Frau Lindner, und jetzt sagen sie mir mal, warum sie sich gerade um diese Stelle in unserer Firma bewerben, als Empfangssekretärin?", begann der Anzugmensch. „*Oh Gott*", dachte ich. Meine Blase drückte, deshalb wippte ich mit den Zehen auf und ab. „Nun ja", begann ich zögerlich, „weil ich so einen Job schon mal gemacht habe, ihn geliebt habe und ich gern mit Menschen zu tun habe", stammelte ich. Der Anzugmensch zog eine Augenbraue hoch. Das verunsicherte mich noch mehr. „Wissen sie", sagte ich weiter, „ich habe mir früher nicht träumen lassen, dass ich jemals den Hauptschulabschluss schaffe. Hab ich aber geschafft. Ich habe auch nie gedacht, jemals Einzelhandelskauffrau zu werden, bin ich aber heute. Ich habe mir auch nicht erträumt, jemals ein Kind zu gebären, hab ich aber heute. Und ich wollte auch niemals im elterlichen Betrieb einsteigen, tat ich aber dann doch. Und ich habe mir nie gewünscht arbeitslos zu werden, bin ich aber heute. Und in einer Wäscherei wollte ich nie arbeiten, hab ich aber dann doch". *„Aber nur, weil es mich dann im Winter nicht so friert"*, das sagte ich nicht! Kurzum: „Ich möchte endlich wieder eine erfüllte Aufgabe in meinem Leben haben, und ich denke, dass es ihr Haus wert ist. Zudem kann ich mich gut in ihr Team einpassen". *Es sei denn hier ist wieder so eine Natter unterwegs!*

Und: „Ich kann mir gut vorstellen, dass sie mir als Chef hilfreiche Hinweise geben können, um meine Arbeitsweise noch zu verbessern", schleimte ich bei voller Blase. *„Oh Gott, ich muss pinkeln, wann ist das denn hier endlich vorbei?".* „Außerdem bin ich der Meinung, dass die Erfahrungen, die ich im elterlichen Betrieb sammeln konnte, bei ihnen sehr nützlich sind. Wenn sie möchten, kann ich morgen früh schon anfangen".

Der Mensch im Anzug schaute mich mit großen Augen an. Seine beiden Söhne, wie ich vermutete, starten mich ebenfalls groß an.

„Gut, Frau Lindner, dann zeigen wir ihnen jetzt den Arbeitsplatz am Empfang, wenn sie wollen", sagte der Anzugmensch. Ich hatte seinen Namen vor Aufregung gerade nicht mehr im Kopf. Leider tragen Menschen in solchen Positionen keine Schilder, auf denen ihr Name steht. Aber der kleine Mann muss immer schön sein Namensschild tragen. Würde er es vergessen, wäre das ein Kündigungsgrund. Sicherlich muss man nur deshalb ein Namensschild tragen, da sich die Chefs die Namen all ihrer Mitarbeiter nicht merken können. Da kann es durchaus schon mal passieren, dass nach drei Jahren Betriebszugehörigkeit, der Chef einen immer noch bei der Begrüßung auf das an der Brust angeheftete Namensschild schaut. Manch Weibchen versteht diese Geste dann unter Umständen falsch. Mitunter können daraus schwerwiegende Folgen entstehen.

„Ja, gerne möchte ich meinen Arbeitsplatz sehen, Herr Peter-Hans", sagte ich von mir selbst überzeugt. *„Oh, mir fiel ja doch wieder sein Namen ein!"*. Wir gingen aus seinem Büro, den langen Flur entlang, seine zwei „Gefolgsleute", hinterher, bis zum Fahrstuhl. Dann ging es vom fünften Stockwerk ins Erdgeschoss. Die beiden Gefolgsleute schwiegen. Sie schienen total unter der Knute des Herrn Peter-Hans zu stehen.

In einer solchen Situation kann eine Fahrt vom fünften Stockwerk bis ins Erdgeschoss eine Ewigkeit dauern. Ich betrachtete unauffällig die Gesichter meiner Begleiter. *„Ja"*, dachte ich, *„die Knollnase stimmt schon mal bei dem „Älteren", auch die Haltung ist die gleiche, wie bei dem Jüngerem. Bei Herrn Peter-Hans, nun von mir liebevoll Peterhansi genannt, grinste ich in mich rein: Peterhansi! Was ist denn das für ein merkwürdiger Name? Ein Doppelname! Ist denn seine Frau so dominant, dass der Bedauernswerte einen Doppelnamen annehmen musste?"*. „Eine Viertelsekunde lang sah ich die Hochzeit von Herrn Peterhansi und seiner Frau. In meinem Kopf spielte sich vor dem Altar folgende Szene ab:

„Wollen sie Herr Peter, Frau Hansi als ihre Frau annehmen, aber nur, wenn sie ihren Namen annehmen, bis dass der Tod euch scheidet?".

Ich verdrückte mir das Lachen. Meine Blase drohte zu platzen. Wir kamen dann endlich im Erdgeschoss an. Da war auch gleich die Empfangshalle, die ich schon beim Betreten des Hauses gesehen hatte. Sie war riesengroß. Sie hatte eine mächtige Theke, zwei automatische Glasschiebetüren, eine gemütliche Sitzecke in ungemütlichem schwarzen Leder, eine kleine Kitchenette, in der die Empfangstanten in Stöckelschuhen, die bei jedem Schritt klapperten, den Kunden frischen Kaffee zubereiteten. Alles war gelb gestrichen, die beiden Doppellifte waren auch nicht zu übersehen. Eine verstaubte Yukapalme verlor sich in einer Ecke. Sie stand wie beschämt da, als hätte sie in der Schule was ausgefressen. Und dann entdeckte ich noch zwei weitere Türen: Eine mit einem Männchen drauf und eine mit einem Weibchen. *„Nur nicht hinschauen"*, dachte ich.

Die Herren führten mich hinter die Theke. Dort standen doch glatt „fünf!", Telefonanlagen mit jeweils einem Computer. *„Oh Gott, hier sollte ich sitzen, neben all den anderen Empfangstanten, die alle mit anhören können, was ich den Kunden für Schmarren erzähle!"*, dachte ich mir und es lief mir ein Schauer über den Rücken.

„So, Frau Lindner, der Computer und diese Telefonanlage in der Mitte, das wäre dann ihr Arbeitsplatz!", erwähnte Herr Peterhansi fast wie nebenbei. *„Oh Gott, auch noch der Platz in der Mitte. Wieso nicht der ganz links? Da hätte ich mich doch besser verkrümeln können, oder es wäre nicht so aufgefallen, wenn ich ab und an aus Wut den Telefonhörer an die Wand geklatscht hätte"*, dachte ich. Aber nein, genau der in der Mitte musste es sein. „Können sie sich vorstellen, hier zu arbeiten?", fragte mich Herr Peterhansi. „Ja natürlich, das ist fast so wie die Arbeit, die ich zuvor gemacht habe", antwortete ich selbstsicher. Da meine

Blase drückte, hätte ich mir fast ins Höschen gepinkelt.

Es saßen vier „Weibchen", quasi neben mir. Zwei links und zwei rechts. Die beiden auf der linken Seite waren etwas älter als ich. Die beiden rechts etwas jünger als ich. Wobei „jung", eine höfliche Beschreibung ist, denn beide hatten Knackärsche, die ich sonst nur aus Magazinen kenne! Und die beiden vom linken Flügel hatten zwar schon Hängetitten, waren deswegen aber nicht minder unattraktiv.

„Meine Güte, auf was hab ich mich da wieder eingelassen. Ich muss dringend *pinkeln und meine Tochter in zehn Minuten von der Schule abholen!"*, raste es durch meinen Kopf.

Plötzlich klingelte „mein zukünftiges Telefon". Ring, ring, ring! Geistesgegenwärtig und aus Gewohnheit hob ich instinktiv ab. „Firma SFAM, Grüß Gott, mein Name ist Astrid Lindner, was kann ich für sie tun?", fragte ich den Anrufer. Ich hätte mir beinahe die Zunge abgebissen bei diesem dämlichen Firmennamen „SFAM", der als Abkürzung für

Schiebedächer **F**ür **A**lle **M**arken

stand.

Wer denkt sich denn solch einen Blödsinn aus? Früher, ja früher, und das sage ich mit meinen 37 Jahren, hat man seine Firma noch nach seinem Namen benannt. Schon alleine aus Gründen des eigenen Stolzes! Doch jetzt braucht es so ein neumodisches Namenszeug, an das sich dann keine Sau mehr erinnern kann, wenn solch ein Laden mal pleitegeht. Geht eine Firma

15

mit stolzem Namen pleite, erinnern sich die Menschen noch lange daran und sagen:

„Du, beim Kogler hätten wir das noch vor drei Jahren bekommen. Ja, genau, der Kogler...! Und nur der Kogler". Nicht SFAM. Aber egal, man muss sich halt an dieses neumodische Zeugs gewöhnen.

Der Anrufer sagte zu mir: „Könnten sie mich bitte mit Herrn Eifler verbinden?". „Ups, wer ist Herr Eifler? Ja klar, einen Moment bitte", sagte ich singend und ich musste einen um Hilfe heischenden Dackelblick auf-setzen, denn ich wusste beim besten Willen nicht, wer Herr Eifler war.

Die junge Dame rechts von mir half mir. Sie drückte das Rautezeichen „meiner", Telefonanlage, dann wählte sie 495. Ich bedankte mich bei ihr, da klingelte auch schon ihr Telefon. *„Aha, Herr Eifler sitzt also auf 495. Oh Gott, Oh Gott, 495. Das heißt ja, dass es in jedem Stockwerk 500 Nummern auswendig zu ler-nen galt. Schließlich saßen die Herren der Geschäfts-leitung im fünften Stockwerk, ich habe somit 500 Tele-fonnummern auswendig zu lernen. Das dauert doch Jahre. Oder Jahrzehnte. Ich habe vor fünf Jahren dreißig Nummern im Kopf gehabt und die waren so gestaffelt, dass ich sie nach Platzordnung den jeweili-gen Mitarbeiter so abrufen konnte, dass es Sinn und Ordnung machte".* Ich musste pinkeln.

„Frau Lindner, also, wenn sie keine weiteren Fragen haben, dann melden wir uns bis spätestens Mittwoch, um ihnen Bescheid zu geben, ob sie diesen Job be-kommen oder nicht!", sagte der Herr Peter-Hans. „Ja, ich würde mich freuen, wenn ich bei ihnen einen positiven Eindruck hinterlassen habe. Ich freue mich auf eine positive Nachricht von ihnen", sagte ich. Schüttelte ihm und seinen „nichts sagenden Gefährten", die Hand. Verließ dann die „Eingangshalle". Denn ich lief so schnell ich konnte zu meinem Auto, lies meine Hose runter und pinkelte hinter mein Auto. Gott, in diesem Moment war mir alles egal, denn das „Wasser" stand mir sprichwörtlich schon bis zum Hals.

Und: Meine Pisse lief genau auf einen silberfarbenen Mercedes SL zu. Es wird doch wohl nicht der SL von Herrn Peterhansis sein? Ich beobachtete, wie die Rinne um die Reifen des SL rann. Ich musste lachen. *„Welch ein Einstellungsgespräch, mit meiner Pisse um den Reifen meines zukünftigen Chefs"*, dachte ich. Dann sah ich das Glasgebäude vor mir. Ups. 500 große Fenster sahen mir beim pinkeln zu, hinter meinem Auto, neben des SL des Oberhauptes. Und ich hatte nichts zum Wegwischen mit. Schnell. Ganz schnell setzte ich mich in mein Auto, einen Renault Twingo und brauste davon. In diesem Moment bemerkte ich, dass mich ein Mann aus dem Fenster beobachtet hatte. Er hatte wohl eine Tasse Kaffee in der Hand. *„Oh Gott, hat der mich schon länger beobachtet? Sieht man von dieser Entfernung meine Pisse?"*, dachte ich mir. Kurze Zeit später war dieser Gedanke schon weg, denn ich dachte daran, dass ich in drei Minuten in der Schule meine Tochter abholen muss.

„Drei Minuten! Oh Gott, das kann ich doch gar nicht schaffen, nicht mal mit leerer Blase. Mein Schnackl kann ich doch nicht so lange warten lassen", dachte ich und drückte aufs Gaspedal. Ich überfuhr drei orangene Ampeln. Fuhr drei Spitzmäusen den

Schwanz ab (Sie können auch ohne Schwanz weiterleben, im Gegensatz zu einem Mann!) und ich überholte einen Mercedes SL Cabriolet (Und das mit meinem 45 PS Renault Twingo). Schwer war der Überholvorgang nicht, denn in diesem Cabriolet saßen zusammengezählt mindestens 160 Jahre drin. Und das bei nur zwei Personen. Einem Eichhörnchen konnte ich gerade noch ausweichen. Endlich kam ich zehn Minuten zu spät an der Schule an. „Wo warst du denn so lange, ich stehe hier schon eine halbe Ewigkeit", motzte mich Lena an. „Also eine Ewigkeit ist schon ein bisschen länger, als du hier warten musstest, aber, stelle dir vor, ich hatte ein Vorstellungsgespräch", antwortete ich enthusiastisch. „Ja toll Mama, das sagst du jedes Mal und dann nehmen die doch jemand anders", motzte sie weiter. *„Na super, meine Tochter, wieso sagst du nicht gleich, dass ich zu dumm für jeden Job der Welt bin"*, kam mir in den Sinn. Wir schwiegen uns an, bis wir zu Hause waren. Da sagte mein Schnackl plötzlich: „Irgendwann wird es schon klappen, Mama". *„Was habe ich nur für eine Tochter? Würde es sie nicht geben, hätte ich schon längst aufgehört zu kämpfen"*, dachte ich, als ich die Spaghetti in das heiße Wasser gleiten ließ. Dazu gab es die einfache Tomatensauce von „Fix". Als ich so rührend am Herd stand (Nicht jeder kann aus Pulver und heißem Wasser eine Tomatensauce rühren! Das weiß ich, seit dem es das Fernsehformat „Bauer sucht Frau", gibt), begann ich zu überlegen.

Einerseits: *„Ja, aus Sicht meiner Tochter sind wohl 60 Bewerbungen einer alleinerziehenden Mutter noch nicht genug, um einen passenden Job zu finden"*. Andrerseits: *Ich darf ja gar nicht darüber nachdenken, ob* *der Job „mir" gefällt. Der Job muss meinem Konto gut gefallen, und sonst niemanden.*

Schließlich ist es heute doch so, dass, wenn mal solch ein Job angeboten wird, sich mindestens 500 Bewerberinnen auf diese Stelle bewerben. Überwiegend Alleinerziehende oder Ehefrauen die sich vormittags noch ein paar Kröten dazu verdienen müssen, damit sie durch den Alltag kommen.

„Was für grausame Aussichten sind das? Und wo soll das noch hinführen?", dachte ich, weiter Tomatensauce rührend. Dann waren die Spaghetti fertig und „al dente". Ich schob das Frühstücksgeschirr zur Seite und servierte Spaghetti al dente mit Fixer-Sauce. „Na, wie war es in der Schule?", fragte ich mit vollem Mund. „Weißt du, der Robert hat mir mal wieder in der Pause die Brotzeit aus der Hand geschlagen. Die anderen Jungen haben dann mit meinem Salamibrot Fußball gespielt", sagte sie. „Oh Gott, und du hattest dann nichts zu essen?", fragte ich. „Doch, Sarah hat mir ihre Hälfte von ihrem Brot abgegeben; ich habe dafür ihre Mathematikaufgaben gelöst ", antwortete sie. „Ja, aber das ist doch sinnlos, dass die Jungs dein Salamibrot als Fußball missbrauchen und du dafür Sarahs Aufgaben löst". „Doch doch, Mama, das passt schon, außerdem hat unsere Lehrerin mich gelobt! Dafür, dass ich Sarah helfe".

Mein Schnackl – besser: Lena – ging nach dem Mittagessen in ihr Zimmer, um etwas auszuspannen. *„Hä? Was ist das denn?"*, dachte ich, während ich das Frühstücks- und Mittagsgeschirr in die Küche trug. *„Ich mach mir Sorgen, dass mein Kind was zu Essen in der Schule hat, während ein Rotzlöffel mit dem Brot* *meiner Tochter Fußball spielt und sie auch noch dafür gelobt wird, dass sie ihrer Freundin in Mathe hilft, weil diese ihr die Hälfte ihres Brotes gegeben hat. Heutzutage würde man dieses Verhalten „Sozialpolitische Solidarität", nennen".* Dass das schon in der Grundschule gelehrt wird, war mir neu.

Ich schaute nebenbei auf meinen Anrufbeantworter, in der Hoffnung, dass sich Herr Peterhansi sich schnell entschieden hat, mich einzustellen. Aber außer einer Nachricht mit Blechstimme: „Sie sind heute einer von einhundert Tausend Auserwählten, der sich als stolzer Gewinner eines neues Golf Fünfer Cabriolets fühlen darf. Bitte drücken sie die Eins". *„Ja klar, werde ich die Eins drücken... pfiff!! Wenn ich die Eins drücke, dann kostet es mich bestimmt eine Runde Salamibrote, damit wieder dieser Rotzlöffel in der Klasse meiner Tochter einen Fußball zum Spielen hat!".*

Ich räumte das Geschirr in die Küche. War mit dem Abwasch eine halbe Stunde lang beschäftigt, weil die Spülmaschine schon wieder zu voll war. Ich räumte diese brav aus und kam augenblicklich zu der Erkenntnis, dass ich irgendwie nicht normal bin. Und in meiner Tochter wird dieses Erbgut auch noch weiter leben, wenn sich nicht bald was in unserem Leben ändern wird.

Ich schaute aus dem Fenster. Dabei überlegte ich: *„Wie viele Menschen jetzt wohl mit Abwasch beschäftigt sind und ähnliche Gedanken im Kopf haben, wie ich? Ich dachte an all die Menschen, die gerade in einer Kirche sind, um eine Kerze anzuzünden. Wie viele Menschen haben gerade jetzt nach dem Mittag-*

essen Sex – zur Verdauung? Und wie viele Menschen
spielen wohl derzeit Golf? Oder sind in der Sauna?".

Dann unterbrach Lena meine Gedankengänge. Sie
wollte, dass ich mit ihr zusammen die Hausaufgaben
erledige. *„Ich hasse Hausaufgaben!"*. Habe ich schon
immer gehasst, weil es sicherlich Besseres tun gibt,
zum Beispiel aus dem Fenster schauen und sich Gedanken über die Menschheit zu machen. „Mama",
fragte sie mich „was ist ein Anredefürwort?". *„Ach du*
Scheiße!", dachte ich. „Äh, keine Ahnung, hat das
deine Lehrerin dir nicht erklärt?", fragte ich sie.
„Doch, hat sie schon, nur habe ich in diesem Moment
aus dem Fenster geschaut. Da habe ich einen Vogel
beobachtet, der hatte einen Wurm im Schnabel. Das
war interessanter als der Unterricht". gab sie zur Antwortet. *„Wumm. Da sind sie wieder, die Erbgene!"*.
„Dann gib mir mal dein Deutschbuch. Irgendwo muss
das doch drin stehen", sagte ich. Und dann begann
wiedermal die Suche, nach Begriffen, die sich irgend-
ein Dummbatz für ein ganz normales Wort ausgedacht
hatte. (Und er raubt mir dabei meine Zeit und meine
Nerven!)

„Ah, da steht es ja", stellte ich nach einer „gefühlten",
Stunde fest. „Anredefürwörter sind: Anredepronomen!". Jetzt waren wir genau so schlau wie vorher.
Lena füllte dann die Kästchen mit den Wörtern „dem,
dich, dir und mir", aus. Das machte dann auch irgendwie Sinn, ohne über Anredepronomen oder Anredefürwörter weiter nachzudenken. (Kurze Anmer-
kung hierzu: Spätestens jetzt weiß mein Lektor, dass
der Apfel nicht weit vom Stamm fällt!)

21

Der Wecker klingelte mich am nächsten Tag grausam aus meinen Träumen. Lena kuschelte sich zu mir ins Bett, nur noch ein paar Minuten und beinahe wäre ich wieder eingeschlafen. „Mama, du schnarchst ja schon wieder", stellte mein Schnackl, Lena, fest. „Was, ich, nö, ich bin doch wach. Zieh dich schon mal an, ich komme gleich", sagte ich zu ihr. Dann drehte ich mich auf meine andere Körperhälfte. Ich träumte zwei Minuten lang, dass ich in der Firma SFAM saß, mit dem Telefonhörer am Ohr. Die beiden Damen links und rechts neben mir hatten auch einen Telefonhörer in der Hand. Plötzlich kam Herr Peterhansi zur Tür hinein. Mit einem dynamischen Schwung sprang er mit einem Blumenstrauß über unsere Arbeitsplätze. Wie im Traum flogen hinter Herrn Peterhansi viele, weiße, exotische Vögel.

„Mama! Jetzt raus aus den Federn, ich habe Hunger", weckte mich Lena. Schlaftrunken bewegte ich meinen müden Körper in die Küche. Gelähmt durch meinen Traum, stopfte ich ein Toast in den Toaster, machte das Wasser für den Kaffee heiß und gab unseren Kater Bobby seine Dose. Und das um sieben Uhr morgens. (Wie kann eine Katze morgens so viel fressen? Ich würde um sieben Uhr früh keinen Schweinsbraten runter bekommen!)

Dann hüpfte Lena gut gelaunt mit ihrem Schulranzen an den Frühstückstisch. Sie futterte glückselig ihr Nutellabrot. Ich beschloss mit dem Kaffee zu warten, denn ich wollte, nachdem Lena zur Schule gegangen war, noch eine Runde schlafen. Denn man muss ja nicht schon morgens um sieben Uhr dreißig schon mit Putzen anfangen. Und außerdem war ja morgen auch noch ein Tag. Aber das war ja jeden Tag so. Dies ist auch der Grund dafür, dass es bei uns nie besonders ordentlich aussieht.

Ich machte noch ein Salamibrot, steckte es in Lenas Schulranzen. Immer noch schlaftrunken, füllte ich ihre Trinkflasche auf. Als Lena dann endlich das Haus verließ, schloss ich die Haustür ab, um mich nochmal hinzulegen. Es dauerte, wie jeden Morgen, nicht lange. Da war ich wieder im Tiefschlaf.

Dann begannen die Träume: *Ich träumte von einem Salamibrot. Das Salamibrot war ich. Ich wartete in der Brotzeitbox meiner Tochter, ich bekam kaum Luft. Um halb Zehn (in Deutschland) wurde mir ein Stück von meinem Hintern abgebissen. Dann landete ich auf dem Fußboden und ein riesiger Turnschuh kickte mich wie einen Fußball gegen einen andern riesigen Turnschuh. Autsch. Das tat weh. Unter mir waren viele Ameisen damit beschäftigt, meine Sonnenblumenkerne, die mir bei diesem heftigen Aufprall davonflogen, aufzusammeln und wegzutragen. Ich hatte es außerdem schwer, mich zusammen zuhalten, denn mein Hintern fehlte mir sehr. Dann begannen meine Salamischeiben sich aufzubäumen. Da bekam ich so heftige Blähungen, dass ich riesig aufblähte, und ich zuerst den einen brotkickenden Jungen auffraß, dann den anderen. Ich sah Lena und Sarah wie sie auf dem Pausenhof standen und mich beobachteten. Sie kicherten dabei. Dann kam ein Mann dazu, der sichtlich erleichtert wirkte, nachdem er mitbekommen hatte, dass er zwei Rotzlöffel weniger auf seiner Schule hatte. Dann kam der Mann (ein sehr gut aussehender Typ, in meinem Alter) auf mich zu. Er bedankte sich überschwänglich bei mir. Ich schmachtete ihn an, aber ich war ja nur ein Salamibrot, welches anschlie-ßend im Müll landete. Neben mir ein zusammenge-drückter Tetra-Pack und eine Bananenschale. „Na, was macht ihr hier?", begann ich sie anzuquatschen. Doch Tetra-Pack und Bananenschale wollten mit mir Kinderfressersalamibrot nichts zu tun haben...*

Das Telefon läutete. „*Mann, ich sollte doch den Ste-cker rausziehen!*", dachte ich mir ärgerlich und he-chelte schlaftrunken zum Apparat. „Kinderfressersa-lamibr... , äh, Lindner", meldete ich mich. „Spreche ich mit Frau Astrid Lindner?", meldete sich eine sin-gende Stimme am anderen Ende. „*Ja, welcher Dummdödel wählt denn meine Nummer und fragt dann anschließend, wer dran ist? Kann nur ein Call-center sein*". Dachte ich eine achtel Sekunde. Die Callcenter sind nämlich darauf aus, für viel Geld an-deren Leuten auf die Nerven zu fallen.

„Firma SFAM, mein Name ist Stefanie Glück. Ich darf ihnen die Nachricht überbringen, dass sie bei uns angestellt werden. Ich bin die Vorzimmerdame von Herrn Peter-Hans. Er lies mich gerade ausrichten, dass wir sie als unsere neue Empfangskraft einstellen wol-len", sagte sie so süß, dass mir beinahe, der Telefon-hörer aus der Hand fiel.

„Sie machen ihren Namen alle Ehre", bemerkte ich. Ich konnte tatsächlich mein Glück nicht fassen. Frau Glück kicherte am anderen Ende des Apparats lang anhaltend, was mich wiederum zum Lachen brachte. Die Salamibrote waren urplötzlich vergessen. Frau Glück fügte glucksend hinzu, dass ich in die Firma kommen solle, um meine Papiere einzureichen. Damit stände dann meiner Halbtags-Festanstellung halbtags nichts mehr im Wege. Ihr Kichern war so herzlich, dass ich mir Frau Glück wie folgt vorstellte: Einen Meter sechsundsechzig Groß. Fünfundachtzig Kilo. Bauch und Busen wippen bei jeder Bewegung des Lachens auf und ab. Hohe Schuhe. Rundes Gesicht, kaum geschminkt. Haare streng nach hinten. Parfüm intensiv, aber angenehm. Fingernägel wegen ihrer Nervosität im Umgang mit Herrn Peterhansi abgekaut. Graue Farbtöne. Keine Kinder. Kein Mann, nur Herr Peterhansi – also typischer Schoßhund.

Ich machte mit ihr einen Termin für den nächsten Vormittag aus. Ich bedankte mich herzlich, dass ich diesen Job bekommen hatte. Ich versicherte ihr, dass ich die erforderlichen Unterlagen dabei haben werde. Noch zum Schluss des Gesprächs kicherte sie. Ich dachte mir nur noch, welche Droge sie wohl genommen hatte.

Glückselig putzte ich die Wohnung auf Hochglanz, denn mir war klar, dass ich wohl die nächsten fünfundzwanzig Jahre nicht mehr dazu kommen würde. Und ich hoffte, dass die Wohnung auch fünfundzwanzig Jahre lang sauber blieb. Ich fuhr zum Einkaufen, besorgte für fünfundzwanzig Jahre Tiefkühlkost. Dann kochte ich für Lena und mich fünfundzwanzig Kilo Schweinebraten, ein Kilo pro Jahr sollte reichen. Den Rest fror ich ein. Lena holte ich pünktlich von der Schule ab.

„Hallo mein Schnackl", begrüßte ich sie freudestrahlend, als sie ins Auto stieg. „Stell dir vor, ich habe einen Job!", triumphierte ich. „Gibt es heute etwa Schweinebraten? Das ganze Auto riecht nach Schweinefleisch!", meinte Lena. „Ja, das gibt es außerdem. Hast du mir eigentlich zugehört?", fragte ich sie. „Ja, du hast wieder einen Job; muss ich dann immer alleine nach Hause laufen", sorgte sie sich. „Äh, das weiß ich jetzt noch nicht", antwortete ich ihr. Denn ich musste erst mal selber überlegen, wann ich denn „Feierabend", hätte. (Feierabend mit Anführungszeichen geschrieben, denn als alleinerziehende Mutter hat man nie Feierabend!)

Der Schweinebraten schmeckte köstlich. Bobby fand das übrigens auch. Nachdem unsere drei Magen abgefüllt waren, suchte ich die benötigten Unterlagen für „meine" neue Firma raus, da ich sie für den nächsten Vormittag brauchte. Es dauerte ewig, die eingestaubte Lohnsteuerkarte zu finden. Lena machte ihre Hausaufgaben am Esstisch. Während Bobby vollgefressen auf dem Sofa lag. Dann stieß Lena aus Versehen ihr Limoglas um.

Der ganze, fiese, klebrige Saft landete auf den Fußboden. Die Lake, die auf dem Tisch gelandet war, rann zwischen durch den Schlitz des ausziehbaren Tischs am Tischbein entlang zur Erde. Was für eine Sauerei auf dem Fußboden! *„Oh Mann!"*, dachte ich, *„den Boden habe ich doch gerade erst gewischt, er sollte doch die nächsten fünfundzwanzig Jahre sauber bleiben"*. Ich bekam einen derartigen Wutanfall, dass ich anfing, Lena unflätig zu beschimpfen. „Kannst du nicht aufpassen? Ich habe erst heute Vormittag den Boden gewischt!". Ich holte wutentbrannt den Wischmopp (der sozusagen noch warm war) und begann erneut, den Boden zu wischen. „Ja, tut mir leid, Mama", sagte Lena kleinlaut. *„Ja, tut ihr leid, kann ja* *mal passieren. Mir tut es jetzt auch leid, dass ich dich so angebrüllt habe*", dachte ich wischend, doch da passierte es. Bobby erschrak, hüpfte vom Sofa und kotzte auf den Boden. Nein, nicht auf den Laminatboden, auch nicht unter dem Esstisch, wo ich sowieso gerade zugange war. Auch nicht auf meinen bei 40° Grad waschbaren Flickenteppich. Nein. Er kotzte auf meine verstaubte Lohnsteuerkarte. Volltreffer! Genau auf die Mitte.

Ich sah zu, wie sich das Fett des Schweinebratens gemischt mit Bobbymagensäure sich so richtig herrlich in meine rosafarbige Lohnsteuerkarte hineinfraß. Aus dem rosa Papier wurde grau. Die Buchstaben wirkten jetzt gewellt und zusammengezogen. Das konnte ich so nicht am nächsten Tag bei Frau Stefanie Glück abliefern. Ich stellte mir vor, dass sie nicht mehr kichern würde, wenn ich ihr diese von meinem Kater verkotzte Lohnsteuerkarte vor die Nase hielt. Ich überlegte kurz, ob ich die Lohnsteuerkarte eventuell in meinen Kopierer stecken sollte. Dieser Gedanke verflog dann aber schnell. Ich schaute meine Lohnsteuerkarte nochmal an, wobei mir eins auffiel:

Auf der einen Hälfte meiner Lohnsteuerkarte stand:

Änderung der Eintragungen im Abschnitt I

Die andere Hälfte war total verkotzt. Sollte ich denn eine Änderung im Abschnitt I als bewährter Schatz in Erwägung ziehen, denn schließlich bekommt mein Kater Bobby nicht jeden Tag Schweinebraten? War es eine Eintragung? Irgendwie schon. Nur nicht vom Finanzamt, sondern von Bobby. Wieso konnte denn außerdem Bobby nicht über meine Steuerklasse

„Eins" kotzen? Oder: Wieso konnte er nicht aus einer „Eins", meiner Steuerklasse, eine „Sechs", verkotzt zaubern?

Die Lohnsteuerkarte warf ich in die Toilette. Ich drückte die Spülung und hoffte, dass meine frisch geputzte Toilette nicht auch noch verstopfen würde. Ich beobachtete, wie sie kreisförmig den Abfluss entlang nach unten gezogen wurde. Dann rannte ich zum Telefon. Ich rief bei der Gemeindeverwaltung an, um eine neue Lohnsteuerkarte zu beantragen. Dabei hoffte ich diese auch noch am heutigen Tag zu bekommen, denn ich wollte ja morgen damit Frau Glück beglücken. „Tut, tut, tut", machte das Telefon, dann: „Sie rufen außerhalb unserer Öffnungszeiten an! Diese sind: Montag bis Freitag von 9 Uhr bis 12 Uhr 30 und von 15 Uhr bis 16 Uhr!". „*Ja und? Warum ist denn dann niemand für mich da?*", fragte ich mich, doch dann fügte die Blechstimme hinzu: „Außer Mittwoch, da haben wir ganztägig geschlossen". Bingo, es war Mittwoch. Und dafür musste ich mir jetzt den ganzen Text anhören. Wieso sagte das diese dumme Pute denn nicht gleich?

Außerdem, was sind denn dass für Geschäftszeiten? Ich rechnete kurz zusammen: 9 Uhr bis 12.30 und 15 bis 16 Uhr. Viereinhalb Stunden täglich, nur montags, dienstags, donnerstags und freitags. Dass ist eine 18 Stundenwoche. *„Und dass bei Vollzeit?! Hä, wie bitte?".* Und ich soll halbtags, bei einer 25 Stundenwoche nur die Hälfte verdienen? Weg mit diesen Gedanken. Ich bin froh, nach gefühlten 80 Bewerbungen, endlich einen Job gefunden zu haben. Und außerdem ist der größte Luxus für mich, nachmittags für meine Lena da zu sein.

„So, was sollte ich aber Frau Glück morgen erzählen?", fragte ich mich. Da unterbrach mich Lena, sie fragte: „Mama, wie schreibt man nämlich?". Früher gab's da mal einen Spruch, der mir nicht mehr einfiel. „Äh, also, nämlich, bitte ohne „h", denn das ist einer dieser fiesen Wörter, die sich irgend ein Dummbatz ausgedacht hat um es dir bei Aufsatz und Diktat schwer zu machen. Damit du in die Falle läufst, und einen eigentlich vermeidbaren Fehler machst", antwortete ich Lena. *Und dein Lehrer sein Ego damit befriedigen kann! Nur dafür gibt es diese Wörter!.* „Ich weiß schon, Schnackl, es hört sich an, als ob es mit langem „H", geschrieben wird, es ist aber nicht so", sagte ich verständnisvoll. Plötzlich wurde mir bewusst, dass die Worte „nämlich", und „dämlich", irgendwie verwandt sein müssen.

Am nächsten Tag fuhr ich ohne meine Lohnsteuerkarte zu SFAM, um zehn Uhr morgens. Ich betrat die Empfangshalle und meldete mich als zukünftige neue Arbeitskollegin an. Die Kollegin am Empfang klingelte Frau Glück an. Sie trug ein Namensschild mit der Inschrift: „Frau Ruhdorfer. Empfang".

„Gott, wie stolz darf ich mich fühlen, auch ein derartiges Namensschild zu tragen", dachte ich. Dann sagte Frau Ruhdorfer: „Sie können jetzt in den fünften Stock hinauffahren, den Gang entlang, die dritte Tür rechts, das das Büro von Frau Glück". „Danke", sagte ich, konnte mir aber nicht wirklich merken, was sie meinte. Ich fuhr also einfach mal in den fünften

Stock; werde dann schon sehen, wo mich mein Glück erwartete.

Die Fahrstuhltür öffnete sich. Ich sah einige Menschen hastig auf mich zukommen. Alle in Anzug und Krawatte. Wie war das? Rechts, links? Ich schaute auf jedes Türschild, doch der Name von Frau Glück war nirgends zu lesen. Ich lief weiter, suchte und suchte. Plötzlich stand ein Mann grinsend vor mir. „Kann ich ihnen helfen?", fragte er mich. „Ja, ich suche das Glück, äh, ich suche Frau Glück", antwortete ich. Dabei fiel mir auf, dass dieser Typ gar nicht so übel war. Er trug, Gott sei Dank, keinen Anzug. Anzugmenschen bereiten mir innerlich immer Panik, denn sie haben so etwas Machtvolles an sich.

„Aha, unser Glückspilz", meinte er freudestrahlend, „da müssen sie noch drei Türen weiterlaufen, auf der linken Seite ist ihr Büro", bedeutete er mir. „Aha, danke schön", *„du Schnuckelchen ohne Krawatte"*, „wünsche ihnen noch einen schönen Tag", sagte ich und lief den Gang weiter ins Glück, oder sollte ich besser sagen, weg vom Glück?

Frau Glück erwartete mich schon, als ich an ihrer Bürotür klopfte. „Kommen sie rein", schrie sie. Ich war gespannt, wie meine Glücksfee nun wirklich aussah. Die Tür ging auf: Ihre Schönheit hätte mich beinahe umgehauen. Sie war circa einen Kopf größer als ich und zehn Jahre jünger. Sie hatte lange elegante Beine und trug Nylonstrumpfhosen, darunter frisch rasierte Haut. Hohe schwarze Schuhe. Ein wohlgeformtes Gesäß steckte in ihrem Minirock. Dazu trug sie eine weiße Bluse. Ihre Haut aus Seide glänzte im Bürolicht. Ihr Push-Up-BH war deutlich zu erkennen.

Ihre lang gewellten Haare trug sie offen. *„Extensions, bestimmt!"*.

„So, hi, hi, hi, Frau Lindner, ich begrüße sie erst mal ganz herzlich in unserer Firma. Freue mich schon auf unsere Zusammenarbeit", sagte sie zuckersüß. Sie gab mir dabei ihr zartes Händchen, aber ich dachte nur an meine nicht vorhandene Lohnsteuerkarte. *„Wie sag ich ihr das nur? Hat sie vielleicht selber eine Katze und weiß, dass diese Viecher ordentlich kotzen können. Und dabei meist die Sachen treffen, die sie nicht treffen sollen? Ne, Frau Glück sieht eher nach Handtaschenhund aus"*.

„Sie haben all ihre Unterlagen mitgebracht?", fragte sie mich. „Ja, hab ich, also hier ist erst mal eine Kopie meines Führungszeugnisses, dann meine Krankenversicherung, meine Sozialversicherungsnummer, meine Rentenversicherungsnummer und meine Arbeitslosenbestätigung", redete ich um den heißen Brei herum. „Ja, sehr schön", sagte Frau Glück, dann unterbrach ein Klopfen an der Tür unser Gespräch. „Herein", schrie sie und Herr Peterhansi betrat ihr Büro. „Hallo Frau Glück, sie müssen, wie besprochen noch diese Unterlagen prüfen. Geben sie mir dann ihr O.K.", sagte er. Dabei schaute er Frau Glück tief in die Augen, und leitete seinen Blick in Richtung ihres Ausschnitts, als ob er sie gleich vernaschen wollte. Dann überreichte er ihr einen schmalen Ordner. Dabei berührte er sie für einen kurzen Augenblick dabei an ihrer Hand. Erst dann bemerkte er erst, dass auch ich im Zimmer war, aber er begrüßte mich herzlich. Frau Glück kicherte schon wieder. Sie schien jedoch ein wenig verunsichert zu sein. Dieses Knistern im Raum war allerdings nicht zu überhören. *„Ja, ja",* dachte ich, *„wenn die Glocken noch läuten, ist die Kirche nicht aus".*

Herr Peterhansi verließ das glückliche Büro. Frau Glück war sichtlich aus ihrem Konzept. „Also, sagte sie, dann habe ich ja ihre Unterlagen zusammen. Sie können dann morgen früh um acht Uhr bei uns anfangen. Frau Probst wird sie einarbeiten", sagte sie ohne zu kichern. *„Acht Uhr morgens anfangen also. Dass wird knapp mit Lena, bis sie in der Schule ist und ich hier bin. Wann habe ich denn Feierabend? Darf ich das jetzt schon fragen?",* dachte ich. *„Muss sein, ich muss doch Lena vorbereiten".*

„Äh, darf ich sie fragen, wann ich dann Schluss habe, denn ich habe eine Tochter, die von der Schule abgeholt werden muss?", stammelte ich. „Ach ja, ihr Arbeitszeit endet täglich um 13.30 Uhr, weil dann die Mittagsschicht der anderen Empfangsdamen zu Ende ist. Sie wissen ja bestimmt, dass unser Empfang durchgehend besetzt sein muss", sagte sie. *„Baff. Scheiße, dann muss Lena jeden Tag heimlaufen und ist noch fast 45 Minuten lang allein zu Hause",* dachte ich. Dann überkam mich ein Angstschauer. „Ja, in Ordnung", sagte ich verlogen und sichtlich beunruhigt. Aber Frau Glück hatte bestimmt selber keine Kinder, sonst hätte sie gewusst, wie ich mich in dieser Situation fühlte.

Als ich nach Hause fuhr hatte ich nur einen Gedanken im Kopf. *„Wie sag ich es Lena nur, dass sie täglich heimlaufen muss. Das ist eigentlich nicht weiter schlimm, Millionen Kinder laufen täglich heim. Nur dass sie dann auch noch fast eine Stunde lang alleine* *zu Hause ist. Und ihr Magen in dieser Zeit vermutlich zwischen ihren Kniekehlen hängt!"*, das bereitete mir Sorgen.

Ausgerechnet in diesem Moment hörte ich im Radio, dass wieder ein Kind auf dem Schulweg sexuell missbraucht wurde. Nach dem Täter wird gefahndet. Dann brachten sie in Nachrichten die Meldung, dass ein Kind versucht hatte, seine Katze vom Balkongeländer zu retten und dabei zu Tode kam. Ich beschloss, das Radio besser auszustellen.

Die Dame in der Gemeindeverwaltung stellte mir sofort eine neue Lohnsteuerkarte aus. Eine Sorge weniger. Dann holte ich Lena von der Schule ab. Ich sagte ihr noch nichts, denn ich musste erst mal etwas auf den Tisch bringen. Meine neue Lohnsteuerkarte bewahrte ich sicherheitshalber oben auf dem Garderobenschrank auf. Ich schwieg während des Mittagessens. Doch dann fing Lena an, von ihrem Musiklehrer zu erzählen: „Weißt du Mama, der Herr Schlaf ist wirklich so, wie er heißt. Bei ihm im Unterricht schläft jeder ein. Und ich kann dieses blöde Lied nicht mehr hören, dass wir jeden Tag singen müssen". „Was ist das für ein Lied?", fragte ich. „Auf der Mauer, auf der Lauer, sitzt`ne kleine Wanze...", begann sie zu singen. Ich musste lachen, denn sie sang es in einem merkwürdigen Unterton, um das Lied ordentlich zu verunstalten. „Gott", sagte ich zu ihr, „dass hast du doch schon im Kindergarten gesungen". „Wirst du weiterhin solchen Unsinn singen müssen?", fragte ich. „Ja, genau, Miststück von Lied, und ich habe dieses Lied den ganzen Tag im Kopf, es will einfach nicht raus", sagte Lena. Dabei klopfte sie sich auf die linke

Seite ihres Schädels. Sie hoffte wohl, dass dieses dumme Lied ihr dabei herausfallen würde, was aber nicht gelang.

Lena stand da, klopfte auf ihren Kopf und hüpfte dabei auf einem Bein, als hätte sie Wasser im Ohr. „Ach Schnackl", sagte ich zu ihr lächelnd, „soll ich dir mal „Alle meine Entchen", vorsingen, damit du diese Wanzenmelodie wieder aus deinem Kopf bringst?", fragte ich. „Mann, Mama, sei nicht so kindisch ", fuhr sie mich ein wenig genervt an. Sie packte dabei ihren Schulranzen aus, um ihre Hausaufgaben zu machen.

Ich sah ihr zu, wie sie einen Text aus ihrem Deutschbuch abschrieb. Dann machte ich sie auf einen Schreibfehler aufmerksam. Sie korrigierte ihn mürrisch. Später versuchte sie Textaufgaben zu lösen. Als ich ihr half, musste ich selber überlegen, wie die Fragen im Mathematikbuch gemeint waren. In Erdkunde fanden wir gemeinsam heraus, dass der Kilimandscharo nicht in Europa liegt, sondern in Afrika. (Danke, Google!)

Ich erklärte ihr einige Verkehrszeichen, denn sie musste in den nächsten Tagen ihre Fahrradprüfung machen. „Rechts vor links, gilt immer Schnackl. Und Stopp bedeutet, dass du sofort anhalten musst. Und immer nur bei Grün über die Ampel", sagte ich ihr. Dann hatte ich wieder diese Gedanken in meinem Kopf: „*Wie sage ich es ihr nur, dass sie morgen alleine nach Hause gehen muss... und auf all diese Verkehrszeichen achten muss. Und, wie kann ich ihr nur sagen, dass sie dann noch eine Stunde alleine zu Hause sein muss, bis ich komme. Und dass wir erst um zwei Uhr nachmittags unser Mittagessen hätten?*".

Ich bekam Panik. Aber ich musste halt arbeiten. Ich war froh, als ob ich einen Sechser im Lotto gewonnen hätte, dass Herr Peterhansi ausgerechnet mich, eine Frau mit Hauptschulabschluss, eingestellt hatte.

Ich musste pinkeln. Auf der Toilette versuchte ich, klare Gedanken zu fassen. Dass Toilettenpapier war wenig hilfreich, da stand nur Müller drauf. Doch dann sah ich oben auf einem Stapel meiner gesammelten „Shithauslektüren" einen Artikel über das „Vorbereiten der Kinder auf den Schulweg". Dort war zu lesen:

Sicherer Schulweg für Abc- Schützen

Wenn sich die Abc-Schützen auf ihren neuen Schulweg machen, sollten sie gut vorbereitet sein. Gezielte Übungen können von vornherein Sicherheit schaffen. Wir geben Tipps. Ihr Kind steht kurz vor der Einschulung? In der Schule hat ihr Kind sicherlich viel zu lernen – aber auch der Weg zur Schule steckt bereits voller Aufgaben und Situationen, in denen ihr Kind gefordert wird. Was wir Erwachsene im Straßenverkehr längst verinnerlicht haben, müssen Kinder regelrecht trainieren, um sicher zu werden. *„Als würde ich das nicht selber wissen, trotz Hauptschule!"*. Ich las weiter:

Sicheren Schulweg aussuchen

Begleiten sie ihr Kind in der ersten Zeit auf dem Schulweg. Gehen sie auf einer kinderfreundlichen Route zur Schule. Der Schulweg muss nicht unbedingt der kürzeste sein – Hauptsache er ist aus kindlicher Perspektive übersichtlich. Bitten sie ihr Kind, sich später auch allein an den vereinbarten Schulweg zu halten. *„Als ob sich meine Tochter gerade daran* *hält?"*. Die Gemeinde oder ihre Schule kann ihnen mit einem sogenannten Schulwegplan weiterhelfen. Einem Stadtplan für Schulanfänger, auf dem übersichtliche Hinweise auf die gefährlichsten Stellen vermerkt sind. *„Ja klar, habe ja sonst nichts Besseres zu tun!"*. Weiter ging es:

Trockenübungen für den Schulweg

Denken sie sich Fragen aus, die den Schulweg betreffen. Lassen sie ihr Kind gedanklich durchspielen, welche Handlungsmöglichkeiten es gibt und welche Regeln es beachten muss. „Was machst du, wenn du auf dem Schulweg plötzlich deine Freunde auf der anderen Straßenseite siehst?"*„Dann schreist du am besten: Kommt doch zu mir rüber!"*. „Was ist, wenn die Ampel auf Grün schaltet und du noch ein paar Schritte bis zur Straße hast?". *„Dann renne ja nicht, denn das „Grün", ist für die Autos! Können die auch den Blickwinkel des Kindes dazu schreiben?"*, Distanzen und Geschwindigkeit einzuschätzen lernt ihr Kind am bestem beim Sport, etwa beim Ballspielen draußen. *„Ja klar, auf der Straße! Gell?"*. Und:

Klare Regeln für den Schulweg aufstellen

Stellen sie für den Schulweg feste Merksätze auf. An jeder Straße, die ein Kind überqueren will, sollte es immer circa 10 cm vor der Bordsteinkante stehen bleiben! *„Ich gebe ihr am besten ein Lineal in die Hand, oder stecke es in ihre Jackentasche!"*.

Diese imaginäre Stopp-Linie können sie ihrem Kind mit bunter Kreide auf dem Gehweg veranschaulichen: „Bis hierher und Stopp!". *„Wir riskieren dabei ordentlich Ärger oder gleich ein Bußgeld, wegen Umwelt-*

verschmutzung; denn wir leben ja in Deutschland!". Bevor es einen Schritt auf die Straße macht, stets nach beiden Seiten schauen: Links – rechts – links. *„Habe keine zweieinhalb Stunden Presswehen hinter mich gebracht, um nun ihre Nackenmuskulatur zu ruinieren".* Am Zebrastreifen den Arm ausstrecken, in Richtung der herannahenden Autos blicken, die Absicht bekunden, die Straße überqueren zu wollen. Dies ist am wirkungsvollsten, es lässt Autofahrer bereitwillig anhalten. *„Aber nur die über 25-Zigjährigen machen das, die über 70-Zigjährigen sehen Kinder gar nicht mehr".* Losgehen erst, wenn kein Fahrzeug mehr kommt, oder alle Autos zum Stehen gekommen sind. *„Das ist dann um drei Uhr morgens!".*

„Mama, was macht du so lange auf der Toilette? Machst du einen Stinker?", unterbrach Lena meine Gedanken. „Ich hab gerade was Spannendes gelesen", sagte ich. „Was hast du gelesen?". „Einen Artikel, wie Kinder ihren Schulweg sicher bewältigen können", antwortete ich ihr.

Lena schaute mich groß an. Sie schien sofort verstanden zu haben, warum ich mich plötzlich für solch ein Thema interessierte. „Hast du den Job?", fragte sie mich. „Ja, hab ich Schnackl, und stell dir vor, wir können dann auch mal zum Essen gehen, oder mal in die Berge fahren, weil ich endlich selber Geld verdiene". Ich wollte, dass sie sich für uns freut. „Meine Mama", sagte sie stolz. Doch dann schaute sie mich weiter fragend an. „Ja, mein Schnackl, ich kann dich aber leider nicht mehr jeden Tag von der Schule abholen". Und, ich holte tief Luft: „Du bist dann, wenn du nach Hause gelaufen bist noch eine Stunde allein hier". Bluff. Endlich war die Luft raus. „Aber ich werde dich täglich um viertel nach Eins anrufen, damit ich weiß, ob du gut zu Hause angekommen bist", fügte ich hinzu. Dass passte Lena gar nicht. Sie schmiss ihre Hausaufgaben hin und ging wütend auf ihr Zimmer. Sie knallte ihre Kinderzimmertür so heftig zu, dass ein Bild von der Wand fiel und kaputt ging.

„Erst ist sie stolz auf mich und dann ist sie wütend, nur weil wir eine kleine Veränderung im Tagesablauf haben. Aber, es muss doch irgendwie gehen!", dachte ich mir.

Ich ließ Lena erst mal ein wenig zur Ruhe kommen, damit sie sich abreagieren konnte. Dann ging ich in ihr Kinderzimmer. Sie lag auf ihrem Bett und starrte die Decke an. „Schnackl, komm schon, so schlimm ist das nicht. Morgens fahre ich dich doch zur Schule. Mittag läufst du einfach nach Hause und wartest. Außerdem ist Bobby ja zur Bewachung hier. Ihr beiden könnt ja dann kochen und den Tisch schön decken", schlug ich ihr vor. Lena musste zumindest grinsen. Ihr Grinsen verriet mir genau, wie sie es sich vorstellte, mit Bobby zu kochen. Ich musste mich ebenfalls amüsieren bei der Vorstellung, dass Bobby einen Kochlöffel in der Pfote hielt, um die Spaghetti-Sauce umzurühren. Das machte die ganze Situation etwas entspannter. „Aber nicht, dass ihr mir Katzenfutter in die Sauce hineintut!", lachte ich los. Auch Lena musste lachen.

„So, Schnackl. Jetzt üben wir mal den Nachhauseweg. Du bekommst deinen eigenen Wohnungsschlüssel", sagte ich. Lena sprang aus dem Bett. Sie war sichtlich stolz darauf, ihren eigenen Schlüssel zu bekommen. Sie zog schnell ihre Jacke an. Wir suchten dann nach einem passenden Schlüsselanhänger für Lena. Wir liefen den kürzesten Weg zur Schule. Dann gab es noch einen kleinen Umweg über die Eisdiele und dann liefen wir ihren Schulweg ab. Eine getigerte Katze lief uns über den Weg. Lena streichelte sie lange. *„Aha, so bekommt man auch die eine Stunde um, wenn man an fremde Katzen Streicheleinheiten abgibt!"*, dachte ich. Lena fütterte die getigerte Katze mit einem Stückchen Waffel ihres Eises. Die Katze lief uns natürlich (wie sollte es auch anders sein) hinterher. Lena drehte sich wieder um und gab ihr den Rest ihrer Eiswaffel. Die Katze verschlang die Waffel. Schnell liefen wir weiter, damit die Katze uns nicht weiter folgte. Wir kamen an eine Kreuzung, die eine Ampel hatte. „Drück dem gelben Männchen auf den Busen!", forderte ich Lena auf. Ich deutete auf den Schalter an der Ampel. Lena schaute sich das Männchen an und sagte belustigt: „Mama, der hat doch gar keinen Busen". „Aber wenn er einen hätte, dann würde es doch mehr Spaß machen, auf den Busen zu drücken!", sagte ich. Lena schaute sich das Männchen genau an. Dann drückte sie auf ihn. (Sie drückte absichtlich nicht auf den Busen, sondern tiefer! Aber das besprachen wir nicht weiter!)

Die Ampel schaltete auf grün. Wir überquerten die Kreuzung. „Mama, da ist ja auch ein Busenmännchen drauf, darf ich das auch drücken?", fragte sie mich. Währenddessen sie fragte, drückte sie auch schon das Männchen. „Oh, nein, wir wollen doch nicht zurückgehen. Jetzt müssen dann all die Autofahrer nochmal an der Ampel stehen bleiben! Komm einfach weiter".

Daheim bat ich Lena, den Wohnungsschlüssel aus ihrer Jackentasche zu holen und die Haustür damit zu öffnen. Sie fummelte rechts in ihrer Jackentasche. Nichts. Sie fummelte links in ihrer Jackentasche. Nichts. Sie kramte ein paar Haargummis, Steinen, Schneckenhäusern und eingetrockneten Kaugummis aus ihrer Hosentasche hervor. Nur kein Schlüssel. Kein Schlüssel. Sie schaute mich fragend an.

„Ach komm, das ist doch jetzt nicht dein Ernst", meinte ich. Sie schaute auf den Boden. Nichts. „Ich habe meinen Schlüssel nicht mit", sagte ich. Ich bat sie nochmals in ihren Taschen nachzuschauen. Nichts.

„Wie soll mein Kind morgen diesen Heimweg nur ohne mich schaffen?", fragte ich mich insgeheim. Ich schlug vor, den ganzen Weg zurückzulaufen, um den Schlüssel zu suchen. „Tut mir ja leid, Mama", stammelte sie. „Ist schon gut, jetzt lass uns diesen blöden Schlüssel suchen, denn ich habe keine Lust heute noch für viel Geld den Schlüsseldienst zu bestellen", stellte ich zornig fest. „Was ist ein Schlüsseldienst?", wollte Lena wissen. „Das ist ein Mann, der kommt um verschlossene Türen aufzubrechen. Entweder er kommt mit einem Trick rein, oder er muss das Schloss aufbrechen und durch ein neues ersetzen, das kann teuer werden. Und das will ich jetzt auf gar keinen Fall". „Aber du willst doch immer einen Mann", stellte Lena fest. Ich grinste. Wir suchten weiter nach diesem verdammten Schlüssel. Wir suchten bei der Schule, aber: Nichts.

Schweigend liefen wir wieder nach Hause. Lena beklagte sich über schmerzende Beine. Schlüssel mit Anhänger nicht gefunden. Ich klingelte bei meiner

Nachbarin, die immer so viel redete. Man konnte ihr einfach nicht zuhören, beziehungsweise man musste nach drei Sätzen an was anderes denken, um zu überleben. Sie hatte zwar irgendwie einen Mann, der war aber nie bei ihr. Komisch! Sie war rund 65 Jahre alt und hatte immer diese Geschichten aus dem Leben zu erzählen, die 1956 begannen. „Wissen sie", fing sie immer an, „1956, da war ich mit meinem Mann in... bla, bla, bla. Rhabarber, Rhabarber..".

Ich bat sie, bei ihr telefonieren zu dürfen. Sie bat mich und Lena höflich in ihre Wohnung. „Wissen sie, 1956, da war ich mit meinem Mann in Afrika. Da gab es gar keine Telefone. Ich bin dort auf einem Kamel geritten, das sich bei der Hitze beinahe erbrochen hätte, und... (Das waren drei Sätze!)... Rhabarber... Rhabarber... Rhabarber", begann sie zu erzählen. „Haben sie ein Telefonbuch?", unterbrach ich sie abrupt. „Mama! Das ist unhöflich!", flüsterte Lena. „Ich habe keinen Bock auf ewiges Bla-Bla", raunte ich Lena zu, „aber du hast schon recht".

Meine Nachbarin holte das Telefonbuch. Ich fand direkt einen Schlüsseldienst und rief dort an. Ein freundlicher Herr versicherte mir, dass er in einer Stunde zu mir kommen könnte. *„Oh Gott, eine Stunde Bla-Bla"*, dachte ich, *„wie halte ich das nur aus?"*. Dennoch war ich froh, dass so schnell Hilfe kam.

Meine Nachbarin, sie heißt übrigens Mertens, bot uns Kekse an, die genauso alt waren, wie ihre Geschichten. Sie schmeckten nach durchweichtem Pappkarton. Lena wusste nicht wohin mit ihrem angebissenen Keks. Aus lauter Höflichkeit würgte ich den Keks runter, nur Lena konnte beim besten Willen nicht mehr davon abbeißen. Frau Mertens erzählte und erzählte, von 1956 bis 1970, und wo sie überall mit ihrem Mann gewesen war. Dabei lief sie in ihrem Wohnzimmer auf und ab.

Als Frau Mertens uns beim Erzählen ihrer Geschichten den Rücken zuwandte, steckte Lena ihren angebissenen Keks zwischen die Begonien, die in einem Topf auf dem Tisch stand. *(Begonien-Pflanzen gehören meist Leuten über 60 Jahre!)*

Ich konnte nur schwer mein Lachen unterdrücken. Dabei versuchte ich, Lena möglichst nicht anzuschauen. Aber ich erkannte, dass es Lena ähnlich ging. *„Aber Dünger für die Begonien ist ja auch nicht schlecht"*, dachte ich grinsend, während Frau Mertens ständig weiter plapperte, von ihrem Mann und neunzehnhundert Piependeckel … dass er schon längst eine jüngere Freundin hatte … aber wenn er zu ihr zurückkäme, sie wäre sofort bereit dazu … etc. *„Wie dumm kann man als Frau eigentlich nur sein?"*, fragte ich mich. Auch Lena schaute mich mit verdrehten Augen an.

Endlich klingelte es bei Frau Mertens. Der Schlüsseldiensttechniker stand vor der Tür. *(Ein kleiner runder Mann, kaum noch Haare, entsprach also nicht meinem Beuteschema. Außerdem duftete er nach Metall!)*

Ich ging mit ihm zu meiner Wohnung und erklärte ihm, dass ich den Schlüssel verloren hatte. Der Mann packte seinen Werkzeugkoffer aus, machte drei Handgriffe und die Tür war offen. Ich musste noch eine Unterschrift leisten. Schon war er weg. Nach dem Preis fragte ich ihn besser nicht, denn ich wollte mir nicht weiter die Stimmung verderben. Frau Mertens, die mitgekommen war, redete nichts mehr und ging, nachdem ich mich bei ihr bedankt hatte, in ihre Wohnung zurück.

Nun hatte ich ein Problem: Ich besaß nur noch einen Schlüssel zu meiner Wohnung und da draußen war irgendjemand, der hatte den zweiten Schlüssel. Was ist, wenn dieser Irgendjemand ein perverser ist, der auch noch weiß, dass ich hier mit meiner Tochter alleine wohne! Ich bekam Angst. Dann tröstete ich mich mit der Überlegung, dass vielleicht die Katze, der wir zuvor auf dem Schulweg begegnet waren, meinen verlorenen Schlüssel mit einer Maus verwechselt hatte und ihn auffraß. Sie hatte bestimmt Verdauungsprobleme damit. Bis mein Schlüssel wieder auftaucht, würde es wohl noch einige Tage dauern. Schade, dass Katzen ihren Kot immer verbuddeln! Denn so ist die Wahrscheinlichkeit, meinen verlorenen Schlüssel jemals wieder zubekommen, extrem gering.

Lena vervollständigte ihre Hausaufgaben und ich bereitete das Abendessen vor. Ich dachte dabei an den nächsten Tag. *„Wie schafft es Lena wohl, unversehrt nach Hause zu kommen? Wie schaffe ich es, unversehrt nach Hause zu kommen, wenn mich meine Telefonanlage auffrisst? Und die neuen Kolleginnen! Hilfe! Ich muss Lena morgen früh unbedingt meinen Schlüssel mitgeben, ich werde ihn ihr um den Hals binden müssen!“*.

Ich rührte schnell genügend Fleischpflanzerl zusammen, damit unser Mittagessen auch für den nächsten Tag noch gesichert war. Dazu Kartoffelbrei. *„Ich soll-*

te Abends nicht so schwer essen", dachte ich, aber egal jetzt. Lena kannte Fleischpflanzerl noch nicht. Sie fragte mich: „Mama, was ist das?", „Das sind Fleischpflanzerl!", antwortete ich ihr. „Aus was ist das?", fragte sie nach. „Das ist aus Hackfleisch, mit einem Ei und einer Semmel zusammengematscht, viel Gewürz dazu, dann zu runden Böllern geformt und in der Pfanne gebraten (Kinderkurzversion)", erklärte ich ihr. „Mama?", sie schaute mich groß an, „ist denn Hackfleisch von Hacktier?".

Ich musste Lachen. „Nein, Schnackl, es gibt keine Hacktiere", gab ich Lena zur Antwort und dachte bei mir: *„Es gibt nur Hackmenschen, aber das braucht sie noch nicht zu wissen".*

Ich konnte nicht schlafen. Beim besten Willen nicht. Ich dachte an den nächsten Tag, der mir bevorstand. Hirngespinste machten sich in meinem Kopf breit, sodass ich immer unruhiger wurde. Ich trank zur Beruhigung ein Glas Rotwein, legte mich wieder hin. Half nichts, wieder aus dem Bett. Noch ein Glas Rotwein, legte mich dann wieder hin. Half wieder nichts, stieg nochmals aus dem Bett. Trank ein Glas Milch mit Honig, legte mich hin. Half nicht, wieder aus dem Bett. Noch ein Glas Rotwein, wieder hinlegen. Auch das half nicht, wieder aus dem Bett. Nicht Schlaftrunkenheit war eingetreten, sondern Blähungen. Wenigstens bekommt man Blähungen heutzutage noch gratis. Und wieder dachte ich an die Schlüsseldienstrechnung. Ich legte mich auf mein Sofa, um „ab"- „zu"-winden, dann dachte ich an Frau Mertens. *„Wie blöd kann man eigentlich sein, den Mann zurück haben zu wollen, der einen mit einer jüngeren Frau betrogen* *hat?*", dachte ich. Ich überlegte mir während ich „blähte", wie man dieser Frau helfen könnte. Ich fantasierte. Ich stellte mir vor, wie es wäre, wenn Frau Mertens einen Brief ihres Mannes erhielt, indem steht … dass er der Volltrottel der Nation gewesen war … und endlich begriffen hatte, dass er nur sie liebte … und er nun wusste, wie wertvoll Frau Mertens für ihn war. Seine jüngere Freundin hatte er einfach verlassen, von ihr würde er zukünftig nur noch träumen. Dann dachte ich, dass dies ja neunzehnhundert Piependeckel war. Denn er würde bereits nach dem ersten Satz Reißaus vor Frau Mertens nehmen.

Um 6.30 Uhr schlief ich endlich ein. Um 7.00 Uhr klingelte der Wecker. Schlaftrunken zog ich mich besonders schick an. Hohe Schuhe, mit denen ich schon lange nicht mehr gelaufen war. Ich knickte um. Autsch. Ich machte die Brotzeit für Lena fertig, fummelte den einzigen Wohnungsschlüssel, den ich noch hatte, vom Bund. Ein Fingernagel brach mir dabei ab. Ich hatte eine Scheißwut. Warum müssen diese Schlüsselringe immer so straff sein, dass man sie nur schwer auseinander biegen kann? Ausgerechnet der Mittelfingernagel war abgebrochen. Und das, wo ich doch neu in einer Firma angefangen hatte, in der viele Männer mir täglich auf die Finger gucken würden. Was denken die denn von mir? Meinen Wohnungsschlüssel knipste ich an ein Schlüsselband. (Gott sei Dank war es ein kleiner Karabiner, so konnte ich den Mittelfinger der linken Hand noch retten!)

Dieses Band legte ich Lena um den Hals. Dabei sagte ich ihr drohend: „Wenn du den verlierst, dann kommen wir gar nicht mehr in unsere Wohnung". Ich erklärte ihr noch einmal, dass sie alleine nach Hause laufen muss. Sie sollte auf keinen Fall auf mich warten. Nicht den Herd anmachen, sondern schon mal mit den Hausaufgaben beginnen. Sie nickte. Ich fuhr zur Schule, verabschiedete mich von ihr, so, als ob ich sie zwei Jahre lang nicht mehr sehen würde. Dann ab zur Arbeit.

Ich musste zur SFAM rund 20 Minuten fahren, 20 Minuten der Panik. 20 Minuten lang überlegte ich, was passieren würde, wenn ich Fehler machen würde. 20 Minuten lang überlegte ich, ob ich die Probezeit wohl durchstehen würde. 20 Minuten lang überlegte ich, ob ich wohl Glück mit meinen Kolleginnen haben würde.

Gedankenversunken betrat ich die Firma. Ich ging hinter den Tresen und begrüßte meine neuen Arbeitskolleginnen. Frau Probst und Frau Ruhdorfer kannte ich ja bereits (zumindest namentlich). Eine Frau Büchelmeier, die links neben meinem Arbeitsplatz sitzt, stellte sich mir vor. Und eine Frau Engels, rechts von mir sitzend, stellte sich vor. „*Gut, dass sie schon mit Namensschilder ausgestattet waren*", dachte ich mir, denn bei dieser Aufregung blockierte mein Hirn mein Namensgedächtnis. „Setzen sie sich doch", forderte Frau Probst mich auf. Dann erklärte sie mir das Computerprogramm. Ich verstand nur die Hälfte. Ich sah im Computer noch nicht mal, wo ich mit der Maus ein Häkchen machen sollte. Die anderen Damen waren mit Telefonieren beschäftigt.

Dann zeigte mir Frau Probst die Telefonliste. Da standen wirklich 500 Namen und Nummern drauf. Ich fragte, ob ich die alle auswendig lernen muss und Frau

Probst lachte laut. Sie sagte: „Nein, schauen sie hier im Programm, da drücken sie einfach auf A, wie zum Beispiel Herr Anders, dann kommt die Nummer von ganz alleine und sie müssen Herrn Anders nur mit der Maus anklicken und den Hörer auflegen". „Gott sei Dank", sagte ich, „denn auch in hundert Jahren würde ich das nicht auswendig können".

„Wenn sie mal fünf Jahre in diesem Betrieb sind, dann kennen sie die Hälfte der ständigen Anrufer, von den Anderen will eh keiner was wissen", sagte mir Frau Ruhdorfer. Sie sagte das in einem lässigen Ton, der mir gefiel. Ich lächelte und verlor langsam meine Angst. Frau Ruhdorfer war mir sofort sympathisch. Ich weiß nicht wieso, sie strahlte positive Energie aus und das beruhigte mich. Sie war etwas jünger als ich, super schlank und elegant gekleidet. Frau Engels, ganz rechts steckte nur ihren Kopf in den Computer. Schnell merkte ich, dass die beiden rechts neben mir keinen guten Draht zueinander hatten. Außerdem fiel mir auf, dass Frau Engels eine Stimme hatte, die einer Kreissäge ähnelte.

Frau Büchelmeier ganz links lachte immer herzhaft in den Telefonhörer, das war fast ansteckend. Sie war um die 50 und etwas völliger, schien aber nicht unattraktiv zu sein. Sie sprach einen bayrischen Akzent, welcher sehr lustig klang. „Moment a moi, i verbind sie glei", sagte sie. Man konnte nur hoffen, dass der Kunde sie auch verstand.

Frau Engels stand nach einem kurzen Telefonat auf. Sie verkündete, sie müsse einen Botengang machen. Schwupps, war sie mit einem Ordner im Fahrstuhl verschwunden. Die Stimmung kippte plötzlich, nachdem sie weg war. „Was nennt man hier Botengang?", fragte ich. Die Damen fingen an zu kichern. „Frau Engels muss laufend Botengänge machen", sagte Frau Probst grinsend. „Sie geht dabei immer in den dritten Stock, um zu dienen", erklärte mir Frau Büchelmeier. „Aha", nickte ich, aber ich verstand nicht, warum und vor allem für wen Frau Engels dienen sollte.

Der rechte Fahrstuhl öffnete sich und eine Schar gut gekleideter Herren betrat die Lobby. Leider gingen sie nicht an die Tresen, sondern verließen postwendend das Gebäude. Der linke Fahrstuhl ging auf. Es erschien Frau Glück, die auf unsere Tresen zulief, dass es bei jedem ihrer Schritte in der Lobby laut krachte. Es hörte sich an, als ob eine Stute über Asphalt trabte. Sie gab mir meinen Arbeitsvertrag und fragte mich nach meiner Lohnsteuerkarte. *Bumms, die liegt ja immer noch auf meinem Garderobenschrank, ups*.

Gleichzeitig entschuldigte sich Frau Glück dafür, dass ihr das mit der Lohsteuerkarte noch nicht früher eingefallen war. „Oh", sagte ich, „ja meine Lohnsteuerkarte, he he, ja da hätte ich ja auch von selber drauf kommen können. Ich bringe sie natürlich morgen gleich mit", stammelte ich. Frau Glück war nach meiner Aussage sozusagen glücklich, jedoch starte sie im gleichen Moment mit einem nicht ganz so glücklichen, besser, mit einem fragenden Gesicht auf den leeren Arbeitsplatz von Frau Engels. „Wo ist denn Frau Engels?", wollte sie wissen. „Frau Engels macht einen Botengang", antwortete Frau Ruhdorfer freundlich. Frau Glück ging still zurück in den Fahrstuhl. *„Früher kicherte sie doch immer so zuckersüß"*, dachte ich, doch dann klingelte bei mir das erste Mal das

Telefon. „*Scheiße, was mach ich denn jetzt?*", Die drei Damen waren alle am Telefon beschäftigt, sie konnten mir nicht helfen. Zitternd nahm ich ab. „*Wie sollte ich mich denn eigentlich melden?*".

„Firma FssFsAM, mein Name ist Fastrid Mindner, guten Tag, was kann ich ffüür sie tun?", „*Gott ist mir das peinlich, ich kann noch nicht mal meinen eigenen Namen aussprechen!*".

„Guten Tag zurück, ich bin Frau Peter-Hans, verbinden sie mich bitte mit meinem Mann", sagte eine dominante, helle Stimme. „*Das ist doch der mit den Glocken*", dachte ich in dieser Sekunde. Dann sagte ich freundlich: „Gerne, einen Augenblick, bitte".

Ich suchte in elektronischem Telefonverzeichnis unter „P". Weiter suchte ich unter „Pe". Aber ich fand ihn nicht. Der Augenblick war längst vergangen, ich fand ihn einfach nicht. Frau Ruhdorfer beendete ihr Gespräch. Ich stupste sie an und flüsterte: „Hilfe, ich finde den Herrn Peterhansi nicht". Sie schaute mich groß an, dann merkte ich erst, dass ich Herrn Peter-Hans „Peterhansi", genannt hatte. Sie riss mir augenblicklich den Hörer aus der Hand, drückte schnell die Rautetaste und stellte Frau Peter-Hans zur 501 durch. Danach kringelte sich Frau Ruhdorfer vor Lachen. „Wie nennst du unseren Chef?", wollte sie wissen. „*Sie duzte mich, welch eine Ehre!*". „Peterhansi", sagte ich peinlicherweise. Das bekamen auch Frau Büchelmeier und Frau Probst mit, die ebenfalls begannen, laut zu lachen.

Dies war der Augenblick, ab dem ich mich dazugehörig fühlte. Ab diesem Zeitpunkt konnte nichts mehr schief gehen, denn ich wusste, dass ich von dieser Seite immer Unterstützung bekäme, wann immer ich sie brauchte.

Frau Engels kam von ihrem „Botengang" zurück. Sie hatte einen hochroten Kopf, zudem war der oberste Knopf an ihrer Bluse offen. „*Jetzt verstehe ich auch was ein Botengang ist*", dachte ich, in mich hinein grinsend. Die Stimmung unter den Damen änderte sich wieder ruckartig, nachdem Frau Engels wieder ihren Arbeitsplatz eingenommen hatte.

Dann betrat ein gut aussehender Mann die Lobby, er ging schneidig auf uns Damen zu. „*Was für eine Augenweide*", dachte ich, versteckte mich aber schüchtern hinter meinem Bildschirm.

„Na, Mädels, wie ist euer Tag so?", fragte er betont lässig. Dabei stützte er seinen Arm auf den Tresen. Ich schaute ihn nur kurz an, sagte „Guten Tag", beobachtete seine Coolness. Die Mädels, beziehungsweise die Damen, kicherten durcheinander und verrieten dem Coolen, dass es ein schöner Tag sei und, dass sie eine neue Kollegin hätten. „Und wie heißt die Neue?", wollte der Herr wissen. „Das ist Frau Lindner ", rief Frau Probst.

„Hallo", sagte ich schüchtern. Ich gab ihm artig mein Pfötchen. „Ja hallo, schöne Frau", stellte er cool fest. „Ich bin Herr Eifler, sagen sie, haben wir uns nicht schon mal irgendwo gesehen?", befragte er mich. „Nein", stotterte ich und bekam ein rotes Gesicht. Denn ich wusste, dass mich ein Mann beobachtet hatte, am Tag meines Einstellungsgespräches, als ich hinter meinen Renault Twingo gepieselt hatte. „*War er das?"*. Frau Engels warf uns vorwurfsvolle Blicke zu. Sie lachte nicht, sondern sie belehrte uns: „Habt ihr nichts besseres zu tun, als hier herum zu flirten? Soll ich eurem Chef mal berichten, was ihr hier alles so treibt? Ja, die Frau Lindner passt in Euren Hühnerhaufen". Frau Engels setzte sich hin und schlüpfte fast in ihren Bildschirm hinein. (Ihre Bluse war immer noch offen!)

Herr Eifler schüttelte den Kopf, ging in Richtung der Lifte und schrie laut durch die Lobby: „Frau Engels, ihre Bluse ist offen, machen sie die mal lieber zu, sonst kommt noch mehr Bosheit aus ihnen raus".

Wir unterdrückten das Lachen, aber Frau Engels konnte es hören. Herr Eifler stieg in den Lift ein, als die Tür zuging zwinkerte er mir zu. Das fand ich sehr sympathisch. Gleichzeitig dachte ich, dass ich wohl eines Tages eine Dose Sardellen für Frau Engels mitbringen sollte.

Ich schaute auf die Uhr. Kurz vor 13 Uhr. Ich dachte an Lena. Sie wird bald aus der Schule kommen und nach Hause laufen. Alleine! Das erste Mal. *„Welch ein komisches Gefühl"*, dachte ich.

Dann unterbrach das läutende Telefon meine Gedanken. Das war ganz gut so, denn ich hätte mir sonst noch Gehirngespinste gemacht, darüber, was Lena alles so zustoßen könnte. „Firma SFAM, mein Name ist Astrid Lindner, was kann ich für sie tun?", sagte ich. Ich war stolz darauf, dass meine Zunge diesmal nicht am Gaumen klebte. „Hallo, Eifler hier", flüsterte eine männliche Stimme. „Wollen sie mit mir heute Abend ausgehen?", fragte er mich. *„Oh Gott,* *neeeeeiiinnn, nicht!! Sex am Arbeitsplatz ist nicht gut, das sieht man doch bei Frau Engels!!*", dachte ich mir und antwortete ihm mit französischem Akzent: „No, no, Misjö, sie mussen sisch verwählt haben". Dann legte ich schnell auf. Frau Ruhdorfer hatte das wohl mitbekommen, denn sie sah die Nummer auf meinem Display und musste lachen.

Dann sagte sie zu mir: „Das macht der mit jeder Neuen hier. Es ist ein Freiwildjäger!".

Frau Probst schaute mich nur kurz an und verdrehte die Augen. Ich glaube sie war mal mit ihm aus, oder so...

Die Damen gingen Punkt Eins zu Tisch. Sie ließen mich mit meinem Schicksal alleine hinter den Tresen der heiligen Firma SFAM sitzen. Aber ich wusste ja, dass ich auch die Mittagsvertretung machen musste.

Die Telefonanlage wurde so geschaltet, dass alle Anrufe in der Mittagszeit auf meinem Apparat landeten. Frau Ruhdorfer sagte noch: „Das schaffst du schon!". (Sie sagte das wie in der Werbung: Dass schaffst du schon, Mama! Nur hatte ich keinen Schokoriegel zur Aufmunterung bekommen!)

13.15 Uhr. Ich musste Lena anrufen. Sollte ich von meinem Handy? Oder sollte ich vom Apparat vor mir? Wird Frau Engels mich verpetzen, wenn sie das irgendwie mitbekommt?

Ich musste aber wissen, ob sie zu Hause angekommen war! Ich nahm also mein Handy, um zu Hause anzurufen. Gleichzeitig klingelte es auf meiner Anlage. Stress. Ich nahm den Hörer meiner Telefonanlage ab, sagte meinen Satz auf, ohne dass meine Zunge kleben blieb. Gott sei Dank musste ich den freundlichen Herren nur kurz verbinden. Auf meinem Telefon daheim ging niemand dran. *„Mist, wo ist Lena nur? Sicherlich ist ihr wieder diese Katze über den Weg gelaufen, oder sie sitzt auf dem Klo, oder sie hat den Fernseher so laut gestellt, dass sie das Telefon nicht hört"*, dachte ich. Dann musste ich mich irgendwie beruhigen.

Ich hatte Angst. Panische Angst. Ich schaute auf die Computer-Uhr, unten rechts. Eine Minute war plötzlich so lang, wie eine Stunde. Ich benutzte die Wahlwiederholung meines Handys. Sie ging nicht dran, stattdessen klingelte schon wieder die Telefonanlage vor mir. Ich sagte freundlich meinen Satz auf. (Am liebsten hätte ich den Anrufer sofort zu mir nach Hause geschickt, um nachzuschauen.)

Ich bat ihn aber höflich, später nochmal anzurufen, denn Frau Engels war in ihrer Mittagspause. (Die Schlampe!)

Die panische Angst um meine Tochter eskalierte:

- 13.20 Uhr: Ich drückte weiter die Wahlwiederholung. Sie ging nicht dran.
- 13.21 Uhr: Ich drückte weiter die Wahlwiederholung. Sie ging nicht dran.
- 12.22 Uhr: Ich drückte weiter die Wahlwiederholung. Sie ging nicht dran.
- 13.23 Uhr: Ich drückte weiter die Wahlwiederholung. Sie ging nicht dran.

Mein Daumen schmerzte. Ich gab auf. Dachte daran, sie vom Auto aus anzurufen, falls ich jemals diese letzten sieben Minuten hier in dieser Firma überleben werde.

Sieben Minuten später: Die Damen waren pünktlich. Ich zog schon mal meine Jacke an, erzählte dabei, dass nichts Aufregendes passiert sei, nur dass ich meine Tochter nicht erreichen kann. Dass ich deshalb sofort los müsste, da ich mir Sorgen mache. Frau Engels sagte nur lapidar: „Die wird zu einer Freundin gegangen sein". Ich rannte zum Auto und brauste davon. „Klar", dachte ich, „*Lena geht nicht ohne Absprache zu irgendeiner Freundin. Was für ein Quatsch die Frau Engels da erzählt. Die Frau hat bestimmt keine Kinder!*".

13.35 Uhr: Ich drückte weiter die Wahlwiederholung. Sie ging nicht dran.13.36 Uhr: Ich drückte wieder die Wahlwiederholung. Lena ging nicht dran.

13.37 Uhr: Ich drückte schon wieder die Wahlwiederholung. Lena ging nicht dran

Ich überfuhr drei rote Ampeln. Ich überholte einen Ausflugsbus mit Inhalt von dreitausend sechshundert Jahren (ohne Busfahrer). Der Bus war bestimmt zu einer Tupperparty unterwegs.

13.38 Uhr: Ich drückte die Wahlwiederholung. Lena ging nicht dran.

Mein Renault Twingo raste mit einer Geschwindigkeit von 95 km/h in die nächste Ortschaft. Ich bretterte noch um zwei Kurven, machte eine Vollbremsung, weil Dusti, der Köter aus der Nebenstraße, immer auf dem warmen Asphalt liegen muss, um sich zu sonnen. Genau um 13.40 Uhr kam ich vor unserer Wohnung an. Mein Auto lies ich mitten auf der Straße stehen (Macht ja eh keinen Unterschied, ob ein Hund oder ein Twingo die Straße blockiert!)

Wie eine Besessene rannte ich in meine Wohnung. Sperrte auf, schrie: „Lena?". Keine Antwort. Ich ging in ihr Zimmer. „Lena?". Nichts. Ich überlegte, ob ich die Polizei anrufen sollte. Ging schon mal zum Telefon. Da hörte ich leise Takttöne aus der Gästetoilette kommen. Ich ging näher ran, lauschte mit zitternden Knien an der Tür. Hörte ein weiteres Geräusch, als ob jemand eine Zeitschrift umblättert.

Ich riss die Toilettentür auf und erblickte Lena, die mit hochrotem Kopf auf der Toilette saß. Sie hatte ihren MP3- Player in den Ohren. Der war so laut, dass es Frau Mertens auch noch hätte hören konnten. Auf ihren Beinen lag ein Komikheft, welches sie verträumt las.

„Gott sei Dank, bist du hier, ich hab mir schon große Sorgen gemacht, hast du das Telefon nicht gehört?", fragte ich sie und hatte ein wenig Wut im Bauch. Gleichzeitig war ich aber auch so erleichtert, dass nichts passiert war, außer einer verstopften Toilette. (Wie sich später herausstellen sollte!)

„Ach, Mama, du bist schon hier?", fragte sie mich scheinheilig. „Ja, ich bin schon hier, hast du mal auf die Uhr geschaut?". „Nö, es gibt doch keine Uhr im Gästeklo!", stellte sie fest. Sie drückte dabei die Spülung so lange, dass das Klo fast überlief. „Jetzt lass mal die Spülung, ich habe Hunger. Du doch sicherlich auch?", fragte ich sie. Lena bejahte. Ich rührte den Rest Schweinebraten mit Soße zusammen. Die restlichen Knödel schnitt ich in Scheiben und tat sie zum Braten in eine Extra-Pfanne. (Richtig knackig müssen die sein!)

Beim Mittagessen erzählte mir Lena, dass sie eine neue Freundin in ihrer Klasse hätte (Die achte in diesem Jahr!). Sie würde gerne was mit ihr unternehmen. „Aber erst Hausaufgaben machen, gell, dann kann sie kommen!", ermahnte ich sie vorsichtshalber. „Ja Mama!", sagte Lena. Sie verdrehte dabei so gekonnt ihre Augen, dass man jedes ihrer Äderchen sehen konnte. (Gutes Erbgut! Da waren die zweieinhalb Stunden Presswehen ja doch nicht umsonst!)

Lena begann mit ihren Hausaufgaben direkt nach dem letzten Biss in den Schweinebraten. Ich wusch ab und kaum dass ich mich versah, war Lena schon am Telefon. „Sie kommt jetzt gleich!", schrie sie. Ich war in Gedanken schon wieder in der Firma. „Wer kommt?", fragte ich dummerweise. „Mensch, Mama, meine neue Freundin natürlich", reglementierte sie mich. „Wie heißt sie denn?", wollte ich wissen. „Anna", sagte sie. „Willst du Anna in solch einen Saustall wie dein Kinderzimmer lassen?", fragte ich sie. Lena schaute mich groß an. „Hopp, hopp, räume schnell auf und vergiss nicht deine Unterhosen vom Boden wegzuräumen", stellte ich grinsend fest. (Lenas Unterhoseninhalt gleicht oft der Farbe des Laminates!)

Lena ging in ihr Zimmer. Sie räumte auf. Es hörte sich zumindest so an. Dann klingelte es. Anna stand vor der Tür. Anna war einen Kopf größer als Lena, anders gesagt: Sie war genau so groß wie ich. Sie hatte gewichtsmäßig leicht das Doppelte von Lena und sie hatte sogar schon den Ansatz eines Speckbusens. Anna sagte kurz „Guten Tag", dann verschwand sie in Lenas Kinderzimmer.

Das Telefon klingelte. Ich hatte dann über eineinhalb Stunden mit meiner Freundin ein kürzeres Telefonat, denn sie war neugierig zu erfahren, wie mein erster Arbeitstag denn so abgelaufen war. Ich hörte zwar im Hintergrund, dass irgendjemand auf die Toilette ging, beachtete dies aber nicht weiter. Nach dem Telefonat, ging ich zum Wäschewaschen in den Keller. Dabei begegnete ich Frau Mertens. Sie berichtete mir, dass sich ihre Schwägerin bei ihr gemeldet hatte. Das die Schwägerin sie wahrscheinlich mal besuchen würde. (Unter „wahrscheinlich mal besuchen würde" verstehe ich, nie vorbeikommen!)

Sie versuchte mich in ein Gespräch zu verwickeln, was ihr auch gelang. Ich hörte brav zu, denn schließlich weiß man ja nie, ob man Frau Mertens nicht „wahrscheinlich mal", brauchen könnte. Ich schüttelte sie ab, mit dem Argument, dass ich Kartoffeln auf dem Herd kochen hätte. Dann verschwand ich schnell mit dem Wäschekorb unterm Arm. *„Wer kocht nachmittags um drei Uhr schon Kartoffeln?"*, dachte ich und lief die Treppe hinauf in meine Wohnung. Dabei kam mir ein ungewöhnlich stinkender Geruch in die Nase. Ich sperrte meine Wohnungstür auf. Der Gestank intensivierte sich. Ich schaute tatsächlich auf die Herdplatte, ob die Kartoffeln nicht angebrannt waren. Natürlich waren da keine Kartoffeln, stelle ich lachend fest. Und dachte an die dumme Frau Mertens.

„Hier stinkt es! Wo kommt das nur her?". Vor Gestank fiel mir beinahe der Wäschekorb aus der Hand. Ich ging dem Gestank weiter nach. Ich schaute unter

die Couch. Nichts. Schaute, ob Bobby nicht das Katzenklo mit dem Teppich verwechselt hatte. Wieder, nichts. Dann schaute ich in den Blumentöpfen nach, denn es roch irgendwie faulig, aber auch hier: Nichts! Dann ging ich in die Gästetoilette und sah es: Das Grauen!

Schauder lief über meinen Rücken. Es war als ob sich Herpesbläschen an meinen Lippen und in meinem Genitalbereich ansiedelten. Meine Zehnnägel und meine Fingernägel bogen sich nach oben, bei dem sich mir bietenden Anblick. Übergeben konnte ich mich in diesem Augenblick nicht, denn wohin hätte ich auch kotzen sollen?

Anna hatte wahrscheinlich, nein, ganz sicher Durchfall und machte in unsere verstopfte Toilette ihr Geschäft. Anscheinend versuchte sie, das mit der Klobürste weg zu machen, was aber nicht funktionierte. Und sie hatte jede Menge Toilettenpapier ins Klo gestopft, anscheinend um all dies abzudecken, was aber nicht zu übersehen war. Das letzte Mal, dass ich solch eine verschissene Toilette gesehen habe, das war auf einem Rastplatz zwischen Karlsruhe und Basel auf dem Weg nach Rust in den Europapark. (Da machten meine Tochter und ich hinter das Häuschen, aber pssst!)

Dazu kam noch, dass Anna mit ihrer Toilettenbürstenaktion die weißen Fliesen mit ihrem Kot bepinselt hatte.

Ich zog mir die Haushaltshandschuhe über und versuchte mit der Saugglocke der Verstopfung Herr zu werden. Half nichts, zu viel Toilettenpapier. Dann holte ich einen Eimer und fischte alles aus der Toilette, was ich in die Hände bekam. (Manche Menschen machen das beruflich, acht Stunden täglich! Respekt!)

Ich versuchte es nochmal mit der Saugglocke. Wieder erfolglos. Dann griff ich tief hinein. Holte einen Klumpen Toilettenpapier heraus. Ich schaute ihn genau an und sah, dass „Müller" drauf stand. *„Aha, da hat doch meine Tochter eine ganze Rolle hineingestopft, kein Wunder, dass sie keine Zeit hatte, um ans Telefon zu gehen"*, stellte ich fest. Ich bekam eine Sauwut auf sie. Denn wenn sie nicht eine ganze Rolle in die Toilette gestopft hätte, hätte Anna ihren Durchfall leicht hinunterspülen können. Mir wäre diese ekelhafte Sauerei erspart geblieben. Nach einer halben Stunde war die Toilette wieder entstopft. Ich kippte Annas Darminhalt mit dreimaligem Spülen in die Toilette. (Ich dachte schon nach, ob ich was Sinnvolles damit anfangen könnte, aber mir fiel nichts ein, außer Frau Mertens! Wenn ich ihr sagen würde, dass der Inhalt dieses Eimer von ihrem Ex-Mann stammen würde?!)

Ich schruppte die Fliesen ab. Ging mit einem Desinfektionsmittel über alle Flächen, auch über die Türklinke. Die Handschuhe und den Eimer warf ich in den Müll.

Dass Anna mich ein wenig verdrückt anschaute, als sie abgeholt wurde, wunderte mich nicht. Aber ich lächelte ihr trotzdem freundlich ins Gesicht und dachte mir dabei: *„Du kannst nichts dafür, Müller war schuld!"*.

Anna hatte kaum die Wohnung verlassen, da schrie ich: „Lena, wieso hast du eine ganze Rolle Toilettenpapier ins Klo geschmissen?". „Tschuldigung, das Klopapier ist mir reingefallen", sagte sie kleinlaut. „Und wieso hast du sie nicht wieder rausgeholt?". „Äh, ne, da ekelte es mich", sagte sie und ging in ihr Zimmer. Ich lief ihr nach und sagte wütend: „Aha, aber ich darf dann schon in die Schüssel greifen und muss auch noch Annas Darminhalt entsorgen!". „Was ist ein Darminhalt?", wollte Lena wissen. „Darminhalt ist nichts weiter als Kacke!". (Ich riss mich mächtig zusammen! Und vermied das Wort „Scheiße"!)

Dann sah ich, wie es im Kinderzimmer aussah. Alle Spielsachen lagen weit verstreut über dem Boden. Lena hatte doch erst mittags aufgeräumt. „Lena, du räumst jetzt alles auf, was hier rumliegt. Hast du mich verstanden?". „Das ist aber unfair, Anna hat auch gespielt und hilft nicht beim Aufräumen!", sagte sie. Und schon standen Tränen in ihren Augen. „Ja, da musst du dich drum kümmern, dass ihr rechtzeitig zusammen aufräumt!", schrie ich wutentbrannt. Außerdem stellte ich fest, dass Lena mittags gar nicht richtig aufräumte, sondern alles nur schnell unter ihren Kleiderschrank stopfte. Ich warf ihr den ganzen Krempel vor die Füße.

Der Krempel bestand aus: Fünf laminat-farbigen Unterhosen, vier nackte Barby-Puppen, einen Ohrring, drei verschiedene einzelne Socken, ein geköpfter Teddy, ein ziehharmonikaartiges Poster von Tokio Hotel, ihr Hausaufgabenheft, eine leere CD-Hülle, ein mit Sand gefüllter Luftballon, ein leeres Schneckenhaus, welches meinen Wurf nicht überlebte, ihr Sparschwein, das den Wurf leider überlebte, die Dose mit ihren Milchzähnen, eine Jeans und ein T-Shirt, eine Dose eingetrockneter Kekse, ein zwei Wochen altes Salamibrot und, ich dachte ich sehe nicht recht: Mein Wohnungsschlüssel mit Anhänger. *„Moment mal, wie geht denn das jetzt?"*.

„Wie kommt denn der Wohnungsschlüssel, den wir gestern noch so verzweifelt gesucht hatten, hier her?", fragte ich Lena. Ich verstand die Welt nicht mehr. „Tut mir leid, Mama, den hatte ich in der hinteren Hosentasche. Daran hatte ich nicht mehr gedacht", piepte Lena. „Oh, man!", sagte ich, nahm den Wohnungsschlüssel und ging wortlos aus ihrem Zimmer. Denn ich dachte, das Lena genau wusste, was die Stunde geschlagen hatte.

Ich bereitete für den nächsten Tag Spaghetti vor. Dann machte ich unser Abendbrot. Dabei dachte ich darüber nach, ob ich in der Erziehung alles richtig machte. War ich zu streng zu Lena? War ich zu locker? War ich überhaupt eine gute Mutter? Gerade jetzt, wo ich diesen Job neu habe? Mute ich Lena zu viel zu? Wird sie später mal bei einer Therapeutin sitzen und sich bitterlich über ihre Kindheit beklagen? Aber ich muss doch die Salamibrote, die wir essen, erst mal verdienen.

Am nächsten Tag hechelte ich in die Firma SFAM. Ich hatte Lena zur Schule gefahren und ihr nochmal ausdrücklich gesagt, dass ich sie um 13.15 Uhr anrufen werde.

Meine Kolleginnen saßen bereits an ihrem Arbeitsplatz, als ich eintraf, bis auf Frau Engels. Dass war auch gut so, denn ohne Frau Engels war die Stimmung immer besser.

„Frau Engels ist wieder auf Botengang", sagte mir Frau Ruhdorfer. Sie grinste und verdrehte dabei ihre Augen. „Ach, wieder einer diese Botengänge, wo einen kostenlos die Bluse aufgemacht wird!", sagte ich und setzte mich an meinen Arbeitsplatz. Ich musste zugeben, ich verstand immer noch nicht viel von dieser Telefonanlage, aber ich hatte ja hilfreiche Verstärkung neben mir sitzen.

Es dauerte nicht lange, da klingelte mein Telefon. Ich säuselte meinen Satz in den Hörer. Ein Kunde wollte wissen, ob man in einen 7,5 Tonner auch ein Schiebedach einbauen könnte. *Ist das eine dieser Fangfragen, auf die alle Lehrlinge zum Anfang reinfallen? Wer bitte will in einem 7,5 Tonner ein Schiebedach? Na warte!*", dachte ich mir und hatte die passende Antwort parat: „Ja natürlich bauen wir auch Schiebedächer in 7,5 Tonner. Wir bauen ihnen sogar welche in ihren Auspuff, wenn Sie das wollen. Und wenn das nicht genügt, dann können wir auf ihrer Ladefläche auch noch welche einbauen, damit ihre transportierten Güter die Straße während der Fahrt betrachten können", sagte ich so überzeugt, dass Frau Ruhdorfer und Frau Probst mich anstarrten, als käme ich von einem anderen Stern. „Wollen Sie mich verarschen?", fragte mich der Mann in der Leitung. *„Ups, der meint das ernst!"*. „Nein, nein, ich wollte sie nicht verarschen, es ist nur so, dass wir alle Kundenwünsche besonders ernst nehmen, also verzeihen sie bitte, dass ich ihnen diesen Zusatzvorschlag machen wollte!".

„Verbinden sie mich jetzt sofort mit der Geschäftsleitung", befahl mir der Mann. Er klang ziemlich verärgert. Ich zitterte am ganzen Körper. Dann drückte ich die Rautetaste und verband den Herrn mit der 501. „Um was ging es denn?", wollte Frau Ruhdorfer wissen. „Hmm, der hat gefragt, ob man in einem 7,5 Tonner ein Schiebedach einbauen kann. Ich dachte, der will mich veräppeln, so wie man das auch mit Lehrlingen an den ersten Arbeitstagen macht", erwiderte ich.

Frau Ruhdorfer lachte: „Na klar, wir bauen Schiebedächer auch in 7,5 Tonner ein, in alle Marken. Dass ist unsere Firmenphilosophie. Der wollte dich nicht verarschen". *„Oh Gott, was mach ich denn nur? Sicherlich werde ich schon am zweiten Tag eine Abmahnung erhalten, oder ich kriege gleich die außerordentliche Fristlose, was ich auch verdient hätte mit meiner großen Klappe, die ich mal wieder nicht halten konnte!".*

Dann kam das Gespräch zurück zur Zentrale, da Herr Peterhansi nicht abhob. Ich nutzte meine Chance: „Hören sie, die Geschäftsleitung ist gerade in einer Besprechung. Bitte, lassen sie mich erklären, warum ich so barsch zu ihnen war". „Ich bin ganz Ohr", sagte der Mann in neutraler Stimmlage. „Wissen sie", trällerte ich saufreundlich in den Hörer, „ich bin neu hier in der Zentrale. Ich dachte, dass ihre Frage eine dieser Fangfragen ist, mit der man als neuer Mitarbeiter am Anfang hereingelegt werden soll, damit sich die gesamte Belegschaft dann über einen lustig machen kann. Ich wollte diesen Test unbedingt bestehen, damit ich nicht zum Deppen der Firma werde, wissen sie!!??". Der Mann hielt still am anderen Ende. „Sind sie doch dran?", fragte ich. Dann lachte der Mann laut auf. *„Gott sei Dank, er nimmt es mit Humor!"*, dachte ich. Ich lachte erleichtert. Ich entschuldigte mich, dann erklärte ich ihm, dass ich ihn sofort mit dem kompetentesten Ansprechpartner der Firma verbinden werde. (Ich wusste nur noch nicht mit wem!)

„Pssst, Frau Ruhdorfer, wer ist der kompetenteste Ansprechpartner für die Beratung zu Schiebedächern für 7,5 Tonner?". Sie drückte auf meiner Anlage die Rautetaste und dann die 495. „Herr Eifler ist für die Beratung zuständig?", fragte ich sie verwundert. „Ja, ist er", antwortete sie. Da klingelte auch schon wieder ihr Apparat.

Zehn Minuten rief mich Herr Eifler an, ich konnte es am Display erkennen. *„Meine Nummer weckt wohl seinen Jagdinstinkt"*, dachte ich und hob ab.

„Der Mann, den sie eben am Telefon so herrlich aufgemuntert haben, ist Herr Seitz, ein alter Stammkunde der Firma. Er hat bei uns schon über 150 Fahrzeuge mit Schiebedächern aufrüsten lassen. Er wird morgen früh um zehn Uhr zu uns kommen. Bitte stellen sie genügend Kaffee und Kanapees bereit, ich werde ihn morgen früh persönlich in Empfang nehmen, danke!". Herr Eifler legte auf. *„Wie unfreundlich, aber zumindest kein Angebot von ihm zum Abendessen"*, dachte ich. Sodann überlegte ich, wo ich die Kanapees besorgen könnte.

„Psst, Frau Ruhdorfer, woher bekomme ich morgen früh Kanapees?", stupste ich sie an. „Hier, da rufst du gleich morgen früh an. Du bestellst die übliche Platte.

Die wissen dann schon", sagte sie. Sie reichte mir den abgenutzten Flyer eines Partyservices. Ich klebte den Flyer zur Sicherheit an meinen Bildschirm, um die Bestellung ja nicht zu verbummeln. Dann widmete ich mich der Ablage. *„Was für eine lähmende Arbeit"*, dachte ich. Und weil ich schon die Buchstaben vor meinen Augen tanzen sah, dachte ich an Lena. *„Sie wird doch hoffentlich in einer halben Stunde ans Telefon gehen".*

Frau Engels betrat die Lobby. Sie schaffte es noch rechtzeitig vor der Mittagspause sich die Lippen zu streichen, ihre Bluse wieder gerade zu rücken und ihre Handtasche zu nehmen, um dann in ihre wohlverdiente Mittagspause zu gehen.

Pünktlich um Eins verließen die Damen die Lobby in die Mittagspause. Ich saß ganz allein an den Telefonen. Ein bisschen tat ich mir selber leid. Ich fühlte mich wie ein verlassener Hund, der jaulend und heulend vor dem Supermarkt sitzt und auf die Rückkehr seines Herrchens wartet. Aber es hatte auch was Gutes an sich, denn ich konnte in aller Ruhe mal meinen Computer austesten, an ihm „herumspielen", sozusagen. So ging ich in aller Ruhe die Namen in der Telefonliste durch, um zu schauen, ob ich nicht zufällig jemand kannte. Dann testete ich das Internet. Es funktionierte entgegen meiner Erwartung auf Anhieb.

Ich checkte deshalb sofort meine privaten e-Mails auf Kosten von SFAM, die Ablage konnte warten. Und ich sah eines der neuesten Musikvideos an. (Ganz leise mit dem Finger auf der rechten Maustaste und dem Cursor auf dem X ganz oben rechts, um, falls jemand kommt, im Notfall das Programm schnell zu beenden!)

Derartig abgelenkt, hätte ich es beinahe verpasst, Lena anzurufen. Ich nahm mein Handy, rief zu Hause an. Schon wieder ging sie nicht dran. Dann dachte ich, dass das eigentlich nicht so schlimm ist. Denn es könnte ja sein, dass sie noch gar nicht zu Hause angekommen war.

So entschied ich mich, ein weiteres Musikvideo anzuschauen. Als das zu Ende war, rief ich erneut an. Wieder ging sie nicht ran. „*Mann? Soll das jetzt jeden Mittag so laufen?*", fragte ich mich vor lauter Wut und Verzweiflung. Doch dann beruhigte ich mich mit dem Gedanken, dass Lena wohl wieder mit dem MP3-Player auf den Ohren auf dem Töpfchen sitzt.

Pünktlich um 13.30 Uhr kamen die Damen aus der Mittagspause. „Na, hast du deine Tochter erreichen können?", fragte mich fürsorglich Frau Ruhdorfer. „Nein, die ging mal wieder nicht ans Telefon, deswegen muss ich auch gleich los", antwortete ich ihr und verabschiedete mich. Ich hörte noch, wie Frau Engels schwelgte: „Hmei, so schön, wie Frau Lindner es hat, möchte ich es auch mal haben".

Wiedermal donnerte ich mit meinem Renault Twingo aus der Firma, überfuhr drei orangene Ampeln, nahm einem älteren Ehepaar mit Gehhilfe am Zebrastreifen die Vorfahrt, übersah zweimal „rechts vor links", und, dann übersah ich meine eigene Tochter.

Ich bog wieder in die Straße ein, in der ständig dieser dumme Hund Dusti lag. Ich freute mich schon auf den Tag, an dem ich ihn umnieten würde. Mein Auto ließ ich mitten auf der Straße stehen, rannte zu meiner Wohnung. Die Wohnung war abgeschlossen, also konnte Lena ja gar nicht zu Hause sein. Ich brüllte trotzdem durch die ganze Wohnung. Dann fiel mir ein, dass ich doch zwei Straßen weiter ein Kind gesehen hatte, das ähnlich aussah, wie meine Tochter. *„Hä, welche Jacke hatte denn Lena heute früh angezogen? Die rosafarbene mit Blümchen? Bingo!".*

Also fuhr ich schnell zwei Straßen weiter. Da saß auch schon meine Lena. Sie spielte mit der Katze, die ich verdächtigt hatte, meinen Wohnungsschlüssel gefressen zu haben. „Sag mal Kind, was machst du denn hier?", fragte ich sie. „Oh, Mama, bist du schon da?", stellte sie erstaunt fest. „Ja, stell dir vor, es ist ja auch schon 13.45 Uhr", raunzte ich ärgerlich. „Außerdem habe ich dich schon dreimal angerufen", fügte ich wütend hinzu.

„Ich habe aber doch mein Handy gar nicht mit in die Schule genommen", stellte Lena fest. Dann stieg sie ins Auto. Ich war geplättet und dachte mir nur: *„Soll das jetzt jeden Tag so gehen? Sollte ich mir jeden Mittag diesen Stress antun? Wie machen andere Mütter das eigentlich? Die haben noch eine Oma am Ort, oder ältere Geschwister, oder sie schicken ihre Kinder in die Mittagsbetreuung! Mittagsbetreuung? Dass könnte die Lösung sein, doch wie sag ich das meinem Kinde?".*

Die vorgekochten Spaghetti ließ ich gedankenlos mit samt Soße in einen großen Topf laufen. Die Pampe ließ ich kochen. Ich erkundigte mich telefonisch in der Schule nach einem Platz in der Mittagsbetreuung für Lena.

Lena bekam das natürlich mit. Sie war nicht begeistert. Die freundliche Dame im Schulsekretariat verband mich gleich mit der Dame aus der Mittagsbetreuung. Die sagte mir, dass es derzeit leider keine freien Plätze gibt. Es bestehe schon eine lange Warteliste im Sekretariat. Wenn ich meine Tochter also auf die Liste setzen wollte, dann müsse ich dort anrufen. *„Äh? Hallo? Wo bin ich denn jetzt schon wieder gelandet? Ich habe doch gerade erst im Sekretariat angerufen, die hat mich doch mit dir verbunden!"*. Ich sagte nur: „Ja, danke, werd ich machen", und legte auf. Dann dachte ich: *„Und mit solchen Idioten muss meine Tochter täglich auskommen!"*.

Die Spaghetti schmeckten wie oben beschrieben: Pampig! Aber es war mir in diesem Moment egal, denn ich konnte mich beim besten Willen über solche Idiotie nicht beruhigen. Als ich darüber nachdachte, für welchen Schrott unser Staat täglich Millionen ausgibt, aber für ein paar Mittagsbetreuungsplätze fehlt wiedermal das Geld, war ich kurz davor zu platzen.

„Wann hätte ich denn Lena für einen Mittagsbetreuungsplatz anmelden müssen? Wahrscheinlich spätestens unmittelbar nach dem Geschlechtsverkehr! Ich stellte mir das gerade bildlich vor: Zwei Menschlein liegen im Bett, hatten gerade Geschlechtsverkehr. Er fragt, na, wie war ich? Und sie: Passt schon, aber wir dürfen nicht vergessen, unser (zukünftiges) Kind bei der Mittagsbetreuung anzumelden, Schatzi!". (Eigentlich ist das die ultimative Möglichkeit, jeden Mann nach dem Geschlechtsverkehr schnellstmöglich wieder los zu werden. Muss ich mir merken.

Die Moral von der Geschicht: Die Schule lehrt einem manchmal doch was Sinnvolles!)

Ich überlegte weitere Möglichkeiten, um Lena für die Mittagszeit „aufbewahrt", zu wissen. *„Mal zu einer Freundin nach der Schule ist ja ganz O.K., aber keine Dauerlösung. Frau Mertens? Ne, das möchte ich Lena beim besten Willen nicht antun".*

„Mama", unterbrach Lena". „Hmm?". „Mama, was ist denn eigentlich mit unseren Shampoon los?", fragte sie mich. „Was soll damit denn los sein?", wunderte ich mich. „Also, Mama, auf dem Shampoon steht doch für fettige Haare. Aber ich will doch gar keine fettigen Haare haben", stellte sie fest. „Ach Schnackl, das soll heißen, dass du keine fettigen Haare davon bekommst", antwortete ich ihr. Ich wusste allerdings worauf sie hinaus wollte. „Wieso heißt es denn dann „für" fettige Harre? Es müsste doch „gegen" fettige Haare heißen", sagte sie überzeugend. „Ja, da hast du schon Recht, aber man nimmt es wahrscheinlich für fettige Haare, damit man solche nicht mehr bekommt", stellte ich fest. Lena antwortete darauf: „Wie jetzt? Dann bekommt man gar keine Haare mehr?". „Quatsch", lenkte ich ab, musste aber grinsen.

Ich fragte Lena nach ihren Hausaufgaben. Sie packte ihren Schulranzen aus. Ich hörte, wie der Briefträger uns Post in den Briefkasten warf. Dieses Geräusch kannte ich nur zu gut. Manchmal, nein, immer öfter stellten sich bei mir die Nackenhaare auf, wenn ich dieses Klappergeräusch hörte.

Denn danach wird es meistens teuer. *„Sollte ich den Kasten heute noch entleeren? Oder warten bis mor-*

gen? Wird dann aber auch nicht billiger sein?!". Mit gemischten Gefühlen ging ich an diesen dummen Kasten, der ja nichts dafür konnte, ein Briefkasten geworden zu sein. Ich öffnete ihn. „Aha, die Schlüsseldienstrechnung!", sagte ich laut und Lena schaute mich dabei etwas kleinlaut an. Ich öffnete den Brief mit der Rechnung – und wäre beinahe umgefallen. 275 Euro inklusive Mehrwertsteuer. Sogar der Überweisungsträger war schon fertig vorgedruckt.

Lena hatte ihre Hausaufgaben schnell erledigt. Sie lief zum Telefon, um mit einer ihren Freundinnen ein Treffen auszumachen. Ich begann, die Wohnung aufzuräumen. *„Wie staubig ist das denn hier schon wieder, nach nur zwei Tagen?"*, dachte ich. Da klingelte es auch schon an der Tür. Anna und Sarah standen schon vor der Tür, um mit Lena zu spielen. Sie verschwanden in Lenas Kinderzimmer. Ich ging sofort, nachdem ich Anna erblickt hatte, in die Gästetoilette. Ich wollte sicherstellen, dass die Toilette nicht wieder verstopft war. Ich bügelte, putzte die Fenster. Dann füllte ich den Überweisungsträger aus und warf ihn bei meiner Bank in den Briefkasten. Lena sagte ich erst mal nichts von der Rechnung, da sie zusammen mit ihren Freundinnen zu sehr mit Spielen beschäftigt war.

Auf dem Nachhauseweg liefen mir Lena, Anna und Sarah direkt vor unserer Wohnung über den Weg. „Was macht ihr denn hier?", wollte ich wissen. „Was machst du denn hier?", antwortete Lena frech und die beiden anderen kicherten. „Ich war schnell auf der Bank", rechtfertigte ich mich. „Und wieso sagst du nichts, wenn du weggehst?", fragte sie mich – berechtigterweise. „Ich dachte ihr seid so beschäftigt, dass ich euch mal fünf Minuten allein lassen kann!", meinte ich und ging in die Wohnung, die sperrangelweit offen stand. Frau Mertens stand schon in ihrem Türrahmen. Sie meinte: „Ja, ja die Kinder, die haben ihre Tür offen gelassen, ich hätte sie schon zugemacht, wenn sie nicht gekommen wären. Außerdem sind die Kids ganz schön laut da draußen, ich bin sogar von meinem Mittagsschlaf erwacht". Frau Mertens schaute ein wenig verknittert aus der Bettwäsche. Ich verstand, dass Damen in ihrem Alter ihren Mittagsschlaf brauchen, denn sie haben ja genügend Zeit dafür. *„Wann war eigentlich mein letzter Mittagsschlaf? Glaube im Krankenhaus kurz nach Lenas Entbindung!"*.

„Ach, das ist lieb von ihnen Frau Mertens", sagte ich. Dann verschwand ich schnell in meine Wohnung. In der Wohnung herrschte Chaos. Ich überlegte, was ich denn eigentlich den ganzen Nachmittag gemacht hatte? Ich war rund 20 Minuten weg, um auf die Bank zu gehen. In dieser Zeit ist wohl folgendes passiert:

Eine Chipstüte wurde vor dem gläsernen Wohnzimmertisch in eine Schüssel gefüllt, um aus dieser dann zu essen. Leider hatten die drei Mädels keine hohe Trefferquote. Chips auf dem Tisch, welche schöne Fettspuren auf dem Glas hinterließen. Chipsbrösel auf dem Teppich, der unter Wohnzimmertisch lag. Eine Spur Chipsbrösel verlief direkt in die Küche, wo auch drei angesabberte, nicht ausgetrunkene Gläser mit Limo standen. Auch die Trefferquote bei der Limo war nicht die Beste, da der gesamte Fußboden in der Küche klebte. Neben den Gläsern lag noch eine Packung Gummibärchen, deren Inhalt zur Hälfte auf dem Boden lag und vor sich hingammelte. Die Chipsbröselspur führte auch über den Gang zur Gästetoilette. Zwischen meinen Schuhen fand ich noch ein rotes Gummibärchen, welches schon begann, sich auf den Fliesen festzusaugen. Wahrscheinlich flog es aus dem Mund einer der jungen Damen, als man sich rasch die Schuhe anzog.

Bobby fraß glücklich die Chipsbrösel unter dem Wohnzimmertisch, während ich glücklich darüber war, dass Frau Glück ja schon meine Lohnsteuerkarte hatte. Ich schaute in Lenas Zimmer hinein. Kein Zentimeter des Laminats war mehr zu sehen, da alle Spielsachen gleichmäßig auf dem Fußboden verteilt waren. Ich hätte einen Schneeschieber gebraucht, um zum Lüften an das Fenster zu kommen. Eigentlich hätte ich lüften müssen, denn man spürte schon, dass sich fremde Gerüche in Lenas Zimmer verbreiteten.

Ich bekam einen Wutanfall. Wut darüber, wie Lena, die sonst so nicht ist, auf einmal ein derartiges Verhalten an den Tag legte. Noch mehr Wut bekam ich, weil die anderen zwei Mädels aus meiner Lena solch ein „Saustallkind" machten.

Und ich schaute auf die Uhr, es war schon 17.45 Uhr. Ich wusste, dass die beiden Mädchen bald abgeholt wurden. Wutentbrannt rannte ich aus der Wohnung, um die Mädels zum Aufräumen zu verdonnern. Frau Mertens stand immer noch im Gang, ich beachtete sie nicht. *„Wieso steht die denn da noch? Will sie ihren Mittagsschlaf um fast sechs Uhr abends im Gang halten? Egal, die dumme Kuh kann mich mal".*

„Mädels", schrie ich, „ihr geht jetzt sofort ins Kinderzimmer und räumt auf. Ansonsten dürft ihr nicht mehr kommen. Habt ihr mich verstanden?". Sie hatten lange betretene Gesichter, aber sie gingen ohne Murren ins Kinderzimmer, um aufzuräumen. Dann klingelte es. Der Vater von Anna stand in der Tür. Annas Vater hatte ich vorher noch nie gesehen. Nun war mir klar, woher Anna ihre Statur hatte.

Er fragte mich, ob Anna brav war. Lächelnd sagte ich: „Na klar, kein Problem, gerne wieder". Anna ging, ohne mich anzuschauen. Ich hätte sie erwürgen können. Es dauerte auch nicht lange, da klingelte es ein zweites Mal. Sarah wurde abgeholt. Auch ihre Mutter fragte, ob alles in Ordnung sei. Auch ihr antwortete ich: „ Ja, klar, kein Problem, gerne wieder". Sarah ging, ohne mich anzuschauen. Ich hätte auch sie erwürgen können.

Ich wusste, dass ich zusammen mit Lena mindestens zwei Stunden beschäftigt war, ihr Kinderzimmer aufzuräumen. „Lena", sagte ich, „wenn du dir nochmal Freundinnen einlädst, dann müsst ihr auch gemeinsam dein Kinderzimmer wieder aufräumen. Oder willst du danach immer den Mist deiner Freundinnen wegräumen?". (Ich konnte vor lauter Wut schon gar keine normalen Sätze mehr sprechen!)

„Und?", wollte ich wissen, „wer hat eigentlich in der ganzen Wohnung die Chipsbrösel verteilt?". „Das war Anna. Sie hatte Hunger. Sie konnte sich nicht entscheiden, ob sie lieber Chips oder Gummibärchen essen wollte. Da hab ich ihr beides erlaubt", erklärte sie mir. „Aha", sagte ich, „und ich darf jetzt noch den Boden saugen und die Küche wischen. Ist ja sehr nett von euch". „Mama, ich kann doch gar nichts dafür, dass war die Anna", sagte Lena traurig. Dann tat sie mir schon irgendwie leid.

Lena begann von sich aus ihr Kinderzimmer aufzuräumen. Ich musste ihr das nicht extra sagen, denn sie wusste, dass sie zu „funktionieren" hatte, wenn ich auf 180 war. Ich beseitigte mit dem Staubsauger alle Krümel. Der Staubsaugerbeutel war schon nach einer halben Minute voll, ich musste ihn wechseln. Kater Bobby lag gemütlich auf der Couch, er beobachtete mich.

„Ja, ja, du hast es gut. Wenn ich mal reinkarniert werde, dann komme ich als Kater auf die Welt. Liege dann auch den ganzen Tag auf der Couch herum, und beobachte, wie sich meine private Tierpflegerin zum Deppen macht. Dann werde ich in meinen Katzenbart grinsen, weil die das durch mein schwarzes Fell ja nicht sehen kann", sagte ich zu Bobby, der wegen der Chips einen leisen Rülpser aus seinem kleinen Körper lies.

Den Boden in der Küche wollte ich auch noch schnell wischen, aber Lena schrie schon aus ihrem Kinderzimmer, dass ich ihr helfen müsste. Ich ging in ihr Zimmer und wir sortierten zwei Stunden lang die Dinge, die Anna und Sarah verbrochen hatten. Ich war am Ende. Dazu kam, dass Lena noch ihren Schulranzen vorbereiten musste. Zunehmend sah ich, dass Lena immer müder wurde. Ich sagte ihr, dass sie es jetzt gut sein lassen soll und ihre Schulsachen zusammenpacken soll.

Mit letzter Kraft packte sie ihre Hefte in den Schulranzen. Dabei schaute sie auf ihren Stundenplan. „Mama, Hmm, ich habe morgen ja den HSU-Test (Heimat-Sachkunde-Unterricht), ich muss noch drei Einträge lernen", stellte sie um 20.30 Uhr fest. „Das kann doch jetzt nicht wahr sein?", erklärte ich ihr. „Doch, aber ich kann doch nichts dafür, wenn die Lehrerin ausgerechnet schon morgen diesen blöden Test schreiben will", stotterte Lena. „Wie, du kannst nichts dafür? Wie lange weißt du schon, dass ihr morgen eine HSU-Probe schreibt?", fragte ich sie. „Äh, seit letzter Woche, wieso?", antwortete Lena. „Ja, dann hättest du vielleicht mal früher daran denken können, etwas zu lernen!", brüllte ich Lena an. „Tut mir ja leid, hab ich vergessen", sagte Lena. Sie wäre fast auf der Stelle eingeschlafen. „Komm jetzt ab ins Bett. Putz dir deine Zähne und zieh dir deinen Schlafanzug an", forderte ich sie auf. Ich dachte, dass eine schlechte Note nicht so schlimm sein würde.

Lena ging schnell ins Badezimmer, dann rief sie: „Mama, Hmm, hier steht auf der Zahnpastatube: *Tube auf den Kopf stellen!* und ich stelle sie mir gerade auf meinen Kopf, aber es passiert nichts!". Ich lief ins Badezimmer. Lena stand tatsächlich vor dem Spiegel, hatte ihre Zahnbürste im Mund und die Zahnpastatube auf ihren Kopf gestellt. Ich fing zu lachen an. „Schnackl, du sollst nicht die Zahnpastatube auf deinen Kopf stellen, sondern die Tube auf ihren Kopf stellen!".

Lena ging ins Bett und sie sagte noch: „Die schreiben genau so einen Mist auf Zahnpastatuben, wie die Lehrer in der Schule an die Tafel". Und sie schlief kurz nach diesem Satz gähnend ein. Ich küsste ihr schöne Träume auf ihre gut riechende Stirn. Dann beobachtete ich sie noch eine Weile, wie sie so friedlich in ihrem Bett lag. Ich sah ihre kleinen Händchen, die zu einer halben Faust zusammengezogen waren. Sah jede kleine Falte darin. Dann fragte ich mich: *„Was diese kleine Hände wohl noch in ihrem Leben alles anstellen werden? Und? Womit wird sie sich wohl noch ihre Finger verbrennen?"*.

Ich sah ihre kleine Stupsnase, die schon tief in ihrem Schlaf atmete und ich fragte mich: *„Was wird wohl diese süße Nase noch in ihrem Leben alles riechen dürfen (und müssen)?"*. Ich beobachtete weiter ihre geschlossenen Augen. Wie schön waren ihre Wimpern gebogen. Ich dachte: *„Was werden diese Augen in ihrem Leben alles noch sehen dürfen?"*. Ich fixierte ihren Mund, der immer, wenn er ohne Anspannung war, eine kleine süße Falte auf die Unterlippe warf. Ich dachte dabei: *„Was werden diese süße Lippen noch alles so von sich geben, dass ich immer was zu lachen habe?"*.

Vorsichtig strich ich ihr dünnes blondes Haar hinter ihr Ohr und dachte: *„Was werden diese kleinen süßen Ohren nur noch alles hören? Und ich hoffte für sie, dass das Gehörte nicht zu tief in ihre kleine Seele gehen wird, um sie zu verletzen"*.

Ich hatte Tränen in meinen Augen, bei diesen Gedanken. War es mein schlechtes Gewissen, das mich verfolgte? Aber wieso hatte ich denn ein schlechtes Gewissen? Weil sich ganz derzeit was in unserem Leben änderte! Ich „schnüffelte" noch mal einen tiefen Atemzug an Lenas Stirn. Der Duft erinnerte mich an die Entbindung. Sie roch immer noch so, wie damals, als ich das größte Geschenk des Himmels bekam, für ganz umsonst, aber nicht für selbstverständlich. Manchmal habe ich Schwierigkeiten, dieses Geschenk des Himmels anzunehmen, nur weil es zufällig durch meinen Körper hindurch gekommen ist.

Den Küchenboden wischte ich noch schnell um 22.30 Uhr, dann las ich meine E-Mails und ging ins Bett. Bobby wartete dort schon sehnsüchtig auf mich. Er schnurrte noch eine Weile. Es störte mich nicht, da ich nicht einschlafen konnte. Dann roch ich Bobbys Verdauung. Chips eignen sich nicht besonders gut als Katzennahrung. Ich musste lüften, da ich zu ersticken drohte.

Durch den Frischluftkoller war ich wacher als zuvor. Ich dachte darüber nach, ob ich mir vielleicht noch ein Glas Rotwein gönnen könnte. Ich ging in die Küche und öffnete den Kühlschrank.

Dabei stellte ich fest, dass ich ja noch die Fleischpflanzerl mit Kartoffelbrei hatte. Ich stopfte mir ein kaltes Fleischpflanzerl in den Mund. *„Hmm, Mitternachtssnacks sind was Köstliches und schlagen genau auf die Mitte des Körpers",* dachte ich, während ich mir ein zweites Fleischpflanzerl gönnte. Und auch ein zweites Glas Rotwein. Dann ging ich ins Bett. Bobbys Verdauungsorgane und meine mischten sich zu einer seltsamen Komposition zusammen. (Dies ist einer der Vorteile einer allein erziehenden Mutter!)

„Mama, Hmm, wieso stinkt es hier drinnen so?", weckte mich eine süße Stimme. „Hmm?", antwortete ich. Dann döste ich wieder ein. „Komm schon Mama, wir müssen raus", sagte Lena. Ich bekam meine Augen noch gar nicht auf. Beim Blick auf die Uhr stellte ich mit Entsetzen fest, dass wir eine halbe Stunde verschlafen hatten. „Wieso ist es denn schon so spät?", schrie ich und hüpfte aus dem Bett. „Mein Wecker hat schon vor einer halben Stunde geklingelt", sagte Lena. „Und wieso klingelte meiner nicht?", fragte ich mich. Ich sah, dass ich meinen Wecker gar nicht gestellt hatte. „So ein Mist! Wieso hast du mich nicht früher geweckt, Lena?", wollte ich wissen. „Ich habe noch Barby gespielt, da ist eine halbe Stunde schnell um", antwortete sie. „So, dann aber schnell. Zieh dich an, putze dir die Haare, kämme dir dein Gesicht, zieh dir frische Socken um den Hals", forderte ich sie auf. Sie verstand, was ich meinte. Denn um diese Uhrzeit rede ich immer solch einen Quatsch, das war Lena gewohnt.

Schnell machte ich ein Salamibrot und füllte ihre Trinkflasche auf. Blitzschnell waren wir im Auto, ohne dass ich einen Kaffee zu Gesicht bekam. Während ich aufs Gaspedal drückte, bemerkte ich, dass irgendetwas in meinem Schuh drückte, was mich wahnsinnig machte, da ich keine Zeit hatte, um nachzuschauen.

Lena kam gerade noch kurz vor acht an der Schule an. Ich warf sie förmlich aus dem Auto. Ich rief ihr noch hinterher, dass sie mittags schnell nach Hause gehen soll, weil ich sie anrufen werde. Dann fuhr ich im Schweinsgalopp in die Firma. Beinahe hätte ich einem jungen Mann seine Semmeln aus der Hand gefahren, als der im Halbschlaf über die Straße trottete. Und ich musste einem Trecker hinterhertuckeln, weil dieser

Bauer um diese Uhrzeit seine Felder düngen wollte. Der Jauchegeruch kam durch die Klimaanlage in den Wagen, was mir auf den nüchternen Magen schlug. *„Was drückt mich denn da nur im rechten Schuh?"*, dachte ich immer wieder und war froh, als der Bauer endlich rechts abbog. Nur der Gestank blieb eine ganze Weile in meinem Auto. Ich befürchtete, dass sich dieser Gestank in meine Baumwolle fressen würde und ich so düftelnd den ganzen Tag verbringen musste. Ich kam gerade noch rechtzeitig bei SFAM an. Glücklicherweise bekam ich fast vor der Firma einen Parkplatz. Ich sah den SL von Herrn Peterhansi neben meiner Furzkiste stehen. Da erinnerte ich mich daran, dass ich hier schon mal stand. An dem Tag meines Einstellungsgespräches, als ich so dringend pinkeln habe müssen. Dann schaute ich nach oben. Ich erinnerte mich genau. Ich sah wieder das Fenster, aus dem mich damals der Mann beobachtet hatte und ich erkannte: *„Oh Gott, 495, Herr Eifler!"*. Der stand wieder am Fenster und beobachtete mich dabei, wie ich abgehetzt in die Firma hechelte.

Ich dachte: *„Dann soll er es eben wissen, dass ich schwächer war als meine Blase. Na und?"*. Ich setzte mich an meinen Arbeitsplatz. Der Flyer an meinem Bildschirm flog mir förmlich ins Gesicht. *„Oh, der Partyservice um 10 Uhr!"*, nicht vergessen. Ich wählte die Nummer und bestellte das „Übliche", wobei ich nicht wusste, was das „Übliche" genau war, aber egal, ich musste das Übliche ja nicht essen.

Frau Engels saß brav an ihrem Arbeitsplatz. Es fehlte an diesem Morgen Frau Ruhdorfer. Als ich hörte, dass sie krank war, hatte ich irgendwie ein komisches Gefühl dabei. Ich erledigte die gestrige Ablage, die sich ja nicht von alleine erledigt hatte. Frau Probst erklärte mir, wie man den Kaffeeautomaten bedient. Eigentlich wollte ich die ganze Zeit schon zur Toilette gehen, um nachzuschauen, was mich so in meinem rechten Schuh drückte. Leider kam ein Telefongespräch nach dem anderen rein. Außerdem verstand ich nicht wirklich, wie man einen solchen Hightech-Kaffeeautomat bedient.

Ich erinnerte mich daran, dass 495 gesagt hatte „genügend Kaffee muss um 10 Uhr bereit stehen". Um zehn vor zehn ging ich an den Automaten. Dann kam auch schon das „Übliche" zur Tür herein. Ich traute auf meinem nüchternen Magen meinen Augen nicht. Scampis, Lachs, Garnelenpastete, Parmaschinken und kalte Hühnerbrustfilet auf einem Hauch dünn geschnittenem Baguette, garniert mit frischem Dill oder Petersilie. Das Ganze auf einem silbernen Tablett. *„Wie lange hatte ich schon keine Scampis mehr gegessen? Das letzte Mal 1995".*

Und ich hatte noch nicht mal `nen Kaffee an diesem Morgen. *„Selber schuld! Ob es auffällt, wenn ein Scampibaguette fehlt?".* Ich bediente – direkt neben diesem Tablett der Verführung stehend – den Kaffeeautomaten. Drückte hier und dort, aber Kaffee kam nicht raus. Ganz im Gegenteil. Dieses dumme Ding hatte eine Düse, an der nur heiße Luft herauskam. *„Wie sich Kaffeeautomaten nur den Menschen anpassen können",* dachte ich. Weiter drückte ich an den Knöpfen herum, bis das dumme Ding mich mit Kaffee vollspritzte.

Herr Seitz betrat die Empfangshalle. Er wandte sich an mich: „Sie müssen die Neue sein, mit der ich gestern telefoniert habe". „Wie haben sie das denn so schnell erraten?", wollte ich wissen, und schaute die Kaffeespritzer an meiner Kleidung an. Dann musste ich lachen, ich konnte einfach nicht anders.

Frau Engels sprang von ihrem Arbeitsplatz auf. Sie sagte mit einem aggressiven Ton: „Wissen sie, sie müssen schon aufpassen, was man ihnen sagt. Sie hätten hier den linken Knopf drücken müssen, dann eine Tasse hineinstellen, dann kommt schon der Kaffee".

„*Nichts anders hatte ich gemacht*", dachte ich und die Maschine bespuckte Frau Engels nun ebenfalls. Frau Büchelmeier beobachtete das Geschehen. Sie konnte sich vor Lachen kaum auf dem Stuhl halten. Nur Frau Engels bemerkte das nicht, sie rannte beschmutzt und wutentbrannt auf die Toilette.

Die Fahrstuhltür öffnete sich. Herr 495 betrat die Lobby. Er begrüßte Herrn Seitz. Er war nicht besonders glücklich darüber, dass es keinen Kaffee gab. Als Alternative stellte ich Orangensaft und Wasser neben die Häppchen. Dann setzte ich mich brav auf meinen Arbeitsplatz.

Frau Engels war sehr lange auf der Toilette geblieben. Ich nutzte die Gelegenheit, um meinen rechten Schuh unbemerkt auszuziehen, den Schuh, der mich den letzten Nerv kostete. Meine Socke klebte im Schuh fest. Ich war plötzlich barfuß. Herr 495 wollte genau in diesem Augenblick, dass ich ihm und Herrn Seitz ein paar Gläser herüberreiche, weil sie keine Gläser finden konnten. „*Mann, oh Mann? Was mach ich denn jetzt?*". „*Mal wieder typisch Mann, die finden in der Küche nichts, da sie nie auf die Idee kommen, einfach mal im Schrank unter der Kaffeemaschine nachzuschauen*", dachte ich und stieg schnell barfuß in meinen Schuh, der übrigens ein Stiefel mit seitlichem Reißverschluss war. Der Socke stülpte sich wie eine Ziehharmonika zusammen. Ich konnte meine Zehen gar nicht mehr hineinbringen, aber ich quetschte meinen rechten Fuß mit Schuhgröße 41 in meinen Stiefel, als würde ich gleich die Hauptrolle in der Aschenputtel-Aufführung bekommen. Den Reißverschluss konnte ich so schnell nicht schließen, denn sonst wäre aufgefallen, dass ich unter dem Tresen Sachen treibe, die nicht zu meinen Aufgaben gehören. Meine Hose schoppte ich deswegen auch auf dem Stiefel. Das sah aus, als käme ich gerade aus dem Kuhstall.

Holpernd holte ich zwei Gläser aus dem Schrank und stellte sie neben das „Übliche". Herr 495 schaute mich von oben bis unten an. Herr Seitz bemerkte Gott sei Dank nichts. Ich setzte mich wieder artig an meinen Arbeitsplatz. Im rechten Augenwinkel konnte ich sehen, wie Herr 495 und Herr Seitz sich das „Übliche" zu Munde führten. Und ich hatte doch so einen Hunger. Unbemerkt zog ich meinen Schuh wieder aus und fummelte den Socken aus dem Schuh. Ich spürte noch einen unerklärlichen Widerstand und dann hatte ich meinen Socken in der Hand. Ich sah, dass dort, wo der große Zehe war, ein gelbes, durchweichtes Gummibärchen klebte. „*Anna! Du Mistgurke! Na warte, wenn du mal wieder bei uns bist, dann stopfe ich dir ein Stück unseres Schweinebratens in deine Schuhe.*

Oder: Blaukraut, das macht sich dann besonders gut zu weißen Socken", überlegte ich. Das fiese, klebrige gelbe Gummibärchen zwischen meinen Fingern klebte ich unbemerkt unter meine Schreibtischplatte. *„So ist das! Vier Meter weiter schlagen sich die Herren gerade die Bäuche mit dem „Üblichen" voll, währenddessen ich nur ein angesabbertes Annagummibärchen bekomme".*

Ich zog meinen Stiefel wieder an. Meine Socke verstaute ich in meiner Handtasche. Frau Engels war noch nicht von der Toilette zurück. Da hatte ich eine göttliche Eingebung:

Weil Frau Ruhdorfer an diesem Tag fehlte, konnte ich unbemerkt das gelbe klebrige Gummibärchen auf Frau Engels Stuhl zu kleben. Genau in die Mitte der Sitzfläche. Das sah Klasse aus!

Ich schob den Stuhl noch näher an ihre Schreibtischfläche heran. Dann wartete ich, was passieren würde. Frau Probst und Frau Büchelmeier ahnten wohl was, aber sie waren zu sehr mit Telefonieren beschäftigt, um genau zu wissen, was ich da so trieb. Mein Telefon läutete in diesem Augenblick. Ich war in einem Gespräch vertieft, als Frau Engels von der Toilette kam und sich auf ihren Bürostuhl setzte. In meinem rechten Augenwinkel sah ich, dass sich Frau Engels ganz normal hinsetzte. Ich war froh, dass ich ein Telefongespräch hatte, denn das würde die Aufmerksamkeit von mir ablenken. Als das Telefonat beendet war, musste ich ständig zwanghaft auf Frau Engels Hintern schauen. *„Hoffentlich hat dieses Gummibärchen noch genügend Klebekraft, um für den Rest des Tages unbemerkt an ihren Hintern zu kleben",* dachte ich.

Gleichzeitig stellte ich mir amüsiert vor, wie wohl ein Botengang für sie enden würde mit einem gelben Gummibärchen auf ihrem Hintern.

Herr 495 und Herr Seitz verließen die Lobby und fuhren mit dem Fahrstuhl, wahrscheinlich um Details darüber zu besprechen, wo und in welchen Winkeln man noch so überall Schiebedächer einbauen könnte. Und ich blickte auf die „übliche" Platte, auf der nur noch Krümel zu sehen waren.

Pünktlich um ein Uhr gingen die Damen wieder zu Tisch. Frau Engels stand als erste auf. Sie schnappte sich ihre Handtasche, die sie wie eine Bordsteinschwalbe über ihre Schulter schwang. Und: Sie ging so, dass man deutlich das gelbe Gummibärchen sehen konnte. Frau Probst hatte endlich verstanden, was ich da so getrieben hatte und begann zu kichern. Sie stupste Frau Büchelmeier an und deutete auf den Hintern von Frau Engels. Frau Büchelmeier stieß einen kurzen Schrei aus. Frau Engels drehte sich um und sagte: „Meine Güte, sind wir heute albern". Dabei verdrehte sie ihre Augen. Als sich Frau Engels einige Meter entfernt hatte, konnten wir unser Lachen nicht mehr halten. Nur Frau Engels ignorierte das. Sie wackelte davon.

Dann war ich wieder eine halbe Stunde allein. Ich dachte an Lena. Gleichzeitig schaute ich im Internet nach, was das Fernsehprogramm für den Abend bringt. Dann klingelte das Telefon. Ich hatte einen speziellen Kunden am Apparat, der wusste, wie man anderer Leute Zeit verschwendet. (Es gibt Menschen, die reden und reden. Man weiß zwar was sie meinen, aber diese Menschen bilden ihre Sätze auf ganz andere Weise und man hat immer das Gefühl dabei, dass sie nie aufhören werden zu reden!)

So einer war das! Und ich musste doch Lena anrufen. Ich sagte in diesem Gespräch immer: „Ja, gut", um es zu beenden, aber der Mann hörte einfach nicht auf. Er wiederholte sogar zum dritten Mal sein Anliegen. Ich sagte immer wieder, dass ich es ausrichten werde, aber er ließ sich auch nach dem fünften Mal „ja, gut", nicht abspeisen. Mein Ohr war schon ganz rot und es war bereits 13.20 Uhr. „Ja gut, ich werde es ausrichten, danke". „Sie können ja sag...". „Ich richte es aus, danke", bums. Dann legte ich auf und rief sofort mein Schnackl an.

Tut, tut, tut. „Hallo?", fragte die süßeste Stimme des Universums. „Ja, bist du daheim?", fragte ich Lena. „Ja, Mama... ". „Dann ist ja gut, ich komme auch gleich", antwortete ich ihr. (Sie stellte keine Frage. Mit Kindern am Telefon ein Gespräch zu führen, ist manchmal schwierig!)

„Tschüss, Mama", sagte sie und legte auf. Ich musste grinsen, aber ich war erleichtert, dass sie zu Hause war. Außerdem dachte ich, dass sie vielleicht schon gespielt hatte und ich sie störte.

Die Damen kamen pünktlich aus der Mittagspause zurück. Sie rochen nach gebratenen Hähnchen. *„Auf dem Heimweg nehme ich mir auch zwei gegrillte Hälften vom Stand mit",* dachte ich. Dabei lief mir das Wasser im Mund zusammen, da ich ja noch nichts gegessen hatte. Ich zog meine Jacke an. Ich beobachtete, dass Herr Eifler und Herr Seitz die Lobby betraten und sie sich voneinander verabschiedeten.

Als ich durch die Ausgangstür ging, verabschiedete Herr 495 mich so vertrauensselig, als würden wir uns schon fünf Jahre kennen. Er schaute mir tief in die Augen. Seine Augen glänzten dabei. Unfreundlich wollte ich auch nicht sein. Deshalb lächelte ich freundlich zurück. „*Gefallen würde er mir schon, aber: Vorsicht! Du hast Verantwortung als Mutter. Außerdem sind die wilden Zeiten des hopp la popp vorbei und... wahrscheinlich hatte er nur gute Geschäfte mit Herrn Seitz gemacht. Oder sie haben sich königlich über mich amüsiert. Die Schürzenjäger, die*".

An diesem Tag fuhr ich entspannter als sonst nach Hause. Keine Omas auf der Straße, keine Mäuse und die meisten Ampeln zeigten „grün" an. Von Weitem konnte ich den Hendlwagen riechen. Wie ein Magnet steuerte ich auf ihn zu, stieg aus meinem Wagen, stellte mich kurz an und konnte gar nicht erwarten, bis mein Vordermann endlich bezahlt hatte. „Zwei, bitte mit Kartoffelsalat und einer großen Breze", sagte ich wie hypnotisiert. Ich glaube der Hendlverkäufer hatte mir meinen großen Hunger angesehen, denn er gab mir einen Euro zu viel zurück. Ich sagte nichts dazu. (Keine Lust, denn diese Diskussion hätte mich eine halbe Minute Zeit gekostet, was ich meinem Magen nicht zumuten konnte!)

Die Tüte mit den Hähnchen und dem Kartoffelsalat legte ich auf dem Beifahrersitz. Beinahe hätte ich die Tüte mit angeschnallt. Fast schon unterzuckert düste ich heim. „Schnackl, bist du da? Ich habe uns Hähnchen mitgebracht", brüllte ich durch die Wohnung, warf die Tür ins Schloss, während ich gleichzeitig die Tüte öffnete und Teller und Besteck rausholte.

Lena kam angetrabt. „Oh, Mama, lecker", sagte sie und setzte sich. Lenas Hälfte tat ich wie immer zuerst auf ihren Teller. Dann biss ich genüsslich in mein Hähnchen. Leider war die Haut nicht mehr so knusprig. „Mama, Hmm, ich habe Durst", sagte Lena, noch bevor ich meinen zweiten Bissen im Mund hatte. Ich musste feststellen, dass es in der Küche nichts mehr zu trinken gab. Ich schnappte mir den Kellerschlüssel und lief mit vollem Mund runter, um eine Flasche Limo zu holen. Als ich mit der Flasche nach oben kam, sah ich, dass unsere Wohnungstür zugefallen war. Ich klingelte, denn ich hatte nicht daran gedacht den Wohnungsschlüssel mitzunehmen. Lena machte nicht auf. Ich klingelte wiederholte Male und drohte beinahe wegen Mangels Nahrung umzukippen. Aber Lena machte einfach diese verdammte Wohnungstür nicht auf. Ich klopfte, schrie durch den ganzen Hausflur: „Lena, mach mal die Tür auf". *„Ist das jetzt die gerechte Strafe dafür, dass ich Frau Engels ein Gummibärchen auf den Hintern geklebt habe?"*, dachte ich. Doch dann ging die Tür ganz langsam auf. Lena stand da und sagte nur: „Du hast mir doch verboten fremden Menschen die Tür zu öffnen". „Manno, Lena, wer sollte wohl vor der Tür stehen, wenn ich Limo holen gehe!", fragte ich. Mein Hähnchen war inzwischen kalt.

„Mama, Hmmmm, wo ist Bobby eigentlich?", wollte Lena wissen. „Stimmt! Wo ist Bobby überhaupt? Der ist doch sonst immer mittags da, wenn es was zu essen gibt", stellte ich erschrocken fest. Außerdem gab es

Hähnchen, das roch er normalerweise schon drei Straßen weiter, fiel mir ein. „Wahrscheinlich hat er eine neue Freundin, die für ihn heute Mittag kocht", sagte ich zu Lena, um sie zu beruhigen, und mich auch. „Ganz klar Mama".

Apropos: Wie wir zu unserem Bobby kamen!

Meine Freundin hatte eine rote Katze, die alleine wegen ihrer Fellfarbe schon außergewöhnlich schön war, denn rot- weiße Kätzinnen gibt es kaum. Sie wurde schwanger – die Katze, nicht meine Freundin – und es war klar, dass wir einen oder eine vom Nachwuchs bekommen dürften.

Damals war ich noch arbeitslos. Es waren gerade Ferien, als am Vormittag das Telefon klingelte und meine Freundin mir sagte: „Du, ich glaube meine Hexe bekommt ihre Kinder gleich". „Wir sind schon unterwegs", antwortete ich. Wir waren kurz darauf bei ihr. Ihre Hexe versteckte sich im Kleiderschrank meiner Freundin. Als wir ankamen waren bereits zwei Katzenbabys da. Dieses rote Fell vermischte sich mit Blut, abgebissenen Nabelschnüren, unaufgegessener Plazenta und den BH´s und Socken meiner Freundin.

Ihre Hexe schien nicht mehr nachzukommen, um all dieses Zeug zu fressen, denn sie presste bei unserer Ankunft schon wieder. Sie ließ einen Schrei los, dann kam Bobby. Es wunderte mich nicht, dass das arme Hexlein schrie, denn Bobby war der größte und dickste in ihrem Wurf. Lena und ich mussten lachen, als wir diesen kleinen Kater sahen. „Mama, Hmm, den will ich haben", sagte sie und ich sagte: „Ja, der ist es".

Bobby gab ein merkwürdiges Bild ab: Er hatte eine Art roten Helm auf, sein Schwanz war ebenfalls rot. Der Rest war weiß, nur ein dicker roter Fleck auf seinem Rücken war zu sehen, der mich an die Insel Samos in Griechenland erinnerte. Es war so etwas wie Liebe auf den ersten Blick, er passte zu uns. Er hatte einen roten Fleck neben seiner Nase, die ich sofort zu meinem Eigentum ernannte.

Eigentlich wurde Bobby zunächst mit dem Namen Bruno getauft. Dann, als er groß und stattlich wurde, nannten wir ihn Bruno Banani, denn er brauchte doch auch einen Nachnamen. Außerdem roch er so gut, wie der Typ aus der Banani-Werbung. Später war es einfach nur der Bub. Und meine Lena erfand das Wort „Boooob" noch hinzu, weil sie fand, dass er eher einem Schaf ähnelte. Dank des deutsch-hessischen DSDS-Superstars Mark Medlock wurde aus Boooob, das Bobbelchen.

Manchmal mischte ich aus allen Namen ein paar Namen, nämlich: Bubili oder Bobili. In seinem Impfpass steht: Bruno, Banani, Bub, Boooob, Bobbelchen, Bubili, Bobili. Nur weil mich der Tierarzt so komisch anschaute, als ich mit meinem Kater zum Impfen ging, strich ich alle Namen durch und schrieb ersatzweise Bobby darunter.

Acht Wochen mussten wir auf unser neues Familienmitglied warten. Wir besuchten ihn aber jede Woche und machten Fotos. So viele Fotos, wie man eben bei Neugeborenen macht. Fünf pralle Alben voll! Und dann, als wir ihn mit nach Hause nehmen durften, stellte ich einen Geburtsbaum auf.

Bobby

Nein, nicht auf der Straße, auch nicht vor unserer Wohnung – sonst wäre ich wahrscheinlich mit Frau Mertens zusammen in eine geschlossene Anstalt gekommen – sondern in unserer Wohnung. Ich steckte viele Leckerlies auf den Baum und machte Schleifchen darum. Babysachen zum Anziehen fand ich in seiner Größe nicht!

Nach fünf Wochen lud ich mir Besuch ein, der mir eine Hightech-Vorrichtung, namens Katzenklappe, einbaute. Ich hatte Glück, dass mir mein Vermieter das erlaubte. Der handwerklich begabte Besuch, baute mir für ein kurzes hopp la popp – Lena war zu klein, um was mitzubekommen – eine Katzenklappe in meine Terassentüre ein. Chmm, Bobby schlief bei diesem hopp la popp in meinem Bett, Gott wurde der durchgerüttelt! Die Katzenklappe nannte ich Jonny. Depp mit Nachnamen, weil sie eine Führungsposition in meinem Haushalt hatte. (Ich hatte früher schon mal drei Katzen. Ich war seinerzeit der Türsteher, da es keine Katzenklappe gab!)

So kamen wir zu unserem Bobby!

„Mama, Hmm, in der Pause haben mir die Jungs heute meine Jacke in den Abfalleimer geschmissen, und da war ganz viel ekeliges Zeug drin gelegen!", sagte Lena. „Na super", sagte ich, verdrehte die Augen. „Ja, kann doch ich nichts dafür", antwortete Lena, fast mit Tränen in den Augen. „Ach Schnackl, ich weiß doch dass du nichts dafür kannst, ich ärgere mich nur darüber, dass ich jetzt deine Jacke waschen muss", versuchte ich sie zu trösten. Gleichzeitig stiegen mein Blutzuckerspiegel und der Adrenalinspiegel gleichmäßig an.

Lena machte nach dem Mittagessen ihre Hausaufgaben. Ich versuchte zu verdrängen, dass Bobby immer noch nicht zu Hause war. Lena und ich versuchten so eine dumme Aufgabe in Mathematik zu lösen, wie: Wenn Frau A. in Hamburg in einen Zug einsteigt, um genau sieben Uhr Morgens und Herr F. auch genau um sieben Uhr morgens in Hannover, wann und wo würden sich Frau A. und Herr F. treffen?

Ich konnte mich nicht auf einen solchen Schmarren konzentrieren, denn ich schaute nur noch wie gebannt auf unsere Katzenklappe. *„Vielleicht wäre es besser, wenn sich Herr F. und Frau A. gar nicht treffen, dann würde beiden bestimmt einiges erspart bleiben"*, dachte ich und sagte dies auch noch zu Lena, die mich anschaute, als käme ich aus einer anderen Welt. (Aber ich musste lachen, denn ich erkannte den Ernst in Lenas Augen. Und den Unsinn, den ich machte, damit sie nicht bemerkte, dass ich nicht in der Lage war, eine Aufgabe der zweiten Klasse zu lösen!)

Plötzlich läutete es an der Tür. Ich war irgendwie erleichtert, dass ich aus dieser Nummer nun rauskam. Ein jugendliches Mädchen stand vor der Tür. Sie berichtete mir, dass am Morgen eine Katze angefahren wurde. *„Oh nein, nicht Bobby!"*, dachte ich. Ich fragte sie, „wie denn diese Katze aussah?". Das wüsste sie nicht so genau, sie sagte nur, dass es eine Katze war und ihre Mutter die Katze in die Tierklinik gebracht hatte. Ich fragte nochmal nach, wie denn diese Katze ausgesehen hat. Sie wusste es nicht so genau. *„Mensch Mädel, kannst du nicht mal sagen, ob die Katze grau- braun- getigert war, oder rot- weiß? Vielleicht einfarbig schwarz, oder grün oder gelb?"*, dachte ich mir. Gleichzeitig war ich froh, dass es aufmerksame Menschen in meiner Umgebung gibt, die sich um zusammengefahrene Katzen kümmern. Ich wollte wissen, wo sie wohnt. Sie deutete auf das Haus zwei Straßen weiter unten links, dass mit den blauen Fensterläden. Ich wusste sofort, welches sie meinte. Neben diesem Haus mit den blauen Fensterläden war ein kleines freies Feld und ich beobachtete Bobby dort schon öfter beim Jagen imaginärer Mäuse oder Fliegen.

Ich hatte auf einmal so ein komisches Gefühl, dass es sich wirklich um Bobby handelte. „Wie heißt ihr denn mit Familiennamen?", wollte ich wissen. Sie antwortete: „Tralovsky". Dann war sie schnell weg. Ich schrie ihr noch hinterher: „Danke, ich werde gleich mal in der Tierklinik anrufen!". Und schon war sie verschwunden.

Ich dachte kurz nach. „Mama, Hmm, was ist, wenn es wirklich unser Bobby ist?". „Ich hoffe nicht, Schnackl". Geistesgegenwärtig ging ich an den Schrank und suchte den Impfpass von Bobby mit der Tätowierungsnummer heraus. Dann rief ich in der Tierklinik an.

Mein Verdacht bestätigte sich. Leider. Es war unser Bobby, der zusammengefahren wurde. Die Tierarzthelferin konnte mir nicht genau sagen, was passiert war und wie schlimm es um ihn stand. Wir wollten unseren Bobby noch am Abend besuchen, um ihm zu zeigen, dass wir für ihn da sind. Jedoch sagte mir die Tierarzthelferin, dass wir für ihn derzeit nichts tun können, er hinge am Tropf. Es sei wohl sinnvoller ihn am nächsten Tag zu besuchen. Er hätte wohl keine innerlichen Verletzungen, nur eine heftige Splitter-fraktur an seinem linken Oberschenkel und am rech-ten Bein eine heftige Fleischabschürfung. Außerdem müsste er am nächsten Montag operiert werden.

Wir waren krank vor Sorge. Lena konnte in dieser Nacht nicht alleine schlafen, sie schlief bei mir im Bett. Sie wälzte sich hin und her. Auch ich konnte nicht schlafen. Am nächsten Tag, es war der Samstag, standen wir ungewöhnlich früh auf. Normalerweise kommen wir am Wochenende vor elf Uhr morgens nie aus der Kiste. Aber an diesem Samstag waren wir beide um acht Uhr hellwach. „Mama, Hmm, was glaubst du, ist mit unserem Bobby?", fragte mich Le-na. „Ich weiß es nicht. Ich weiß es wirklich nicht", antwortete ich ihr ehrlich. Und ich konnte keine trös-tenden Worte finden. Wir frühstückten kurz. Dann ließen wir alles stehen und liegen, um in die Tierklinik zu kommen. Schweigend fuhren wir los. Ich fuhr be-sonders langsam, denn ich hatte plötzlich immer das Gefühl, eine andere Katze zu überfahren. Den Ge-fühlszustand, denn wir damals erlebten, wünsche ich niemanden.

Zehn Minuten später kamen wir in der Tierklinik an. Wir mussten nach der Anmeldung noch warten. Ko-misch, dass sich genau in diesem Moment ein Hund im Wartezimmerbefand, der seinen linkes Hinterbein amputiert hatte. Er sah schrecklich aus. Aber er lebte. Er schien gelernt zu haben, mit seiner Behinderung umzugehen.

Dann holte uns die Tierarzthelferin. Wir durften in das Behandlungszimmer gehen. Meine Knie zitterten. Ich sah die Angst in Lenas Augen. Ein Käfig, welcher mit einer blauen Decke abgedeckt war, stand auf dem Boden. Die Tierarzthelferin befreite den Käfig von der Decke und fragte mich, ob dies unser Kater sei. Bobby schaute uns an; er versuchte einen lauten Freudenschrei aus seinem kleinen geschwächten Körper zu pressen. Aber es kam nur ein gequältes „mrr" aus ihm heraus. Ich musste weinen. Es ging nicht mehr anders. Meine Tränen vermischten sich mit Bobbys Fell. Lena schaute mich alte gefühlsduselige Kuh nur verwundert an, aber ich nahm ihr das nicht übel, denn mit sieben Jahren kann man nicht verstehen, dass ein Kater auch ein Familienmitglied sein kann.

Der Tierarzt betrat das Behandlungszimmer. Er gab mir erst mal ein Taschentuch. Die Röntgenbilder hatte er in seiner Hand und steckte diese in seinen „Gegenlichtapparat". Man konnte genau sehen, wo der Oberschenkel von Bobby zertrümmert war. So was hatte ich zuvor noch nie gesehen. Es sah aus, als wäre zwischen die Oberschenkelknochen eine Handgranate explodiert und hätte alle Knochenteile im gesamten Bobbyoberschenkel gleichmäßig verteilt.

Der Tierarzt sagte, dass es eine reelle Chance gibt, Bobbys Oberschenkel zu operieren, denn der Kater war ja erst eineinhalb Jahre alt. In diesem Alter sind die Knochen noch nicht so porös. Die Wahrscheinlichkeit, dass sein Oberschenkel wieder gut zusammen wächst, läge bei 95 Prozent.

Wir durften unseren Bobby in diesem Käfig bis Montagmorgen mit nach Hause nehmen. Ich dachte gar nicht mehr daran, dass ich da ja schon in der Arbeit sein musste und machte dummerweise einen Termin für acht Uhr morgens aus.

Zu Hause ließ ich Bobby aus seinem Gefängnis. Er lief sofort gewohnheitsmäßig an seinen Futternapf in die Küche. Jetzt sah ich erst die Ausmaße seines Unfalls. Sein linkes Beinchen hing wie ein Fremdkörper an ihm, welches er wie ein wabberndes zwanzig Zentimeter langes Teil mit sich schleppte, so als ob es nicht zu ihm gehören würde.

„Mama, Hmm, schaut unser Bobbelchen jetzt immer so aus?", wollte Lena wissen. „Nein, Schnackl, der Doktor wird ihn am Montag operieren und dann wird er wieder gesund", sagte ich. Ich war auch fest der Meinung, dass es so sein wird, dass er nach zwei Wochen wieder der Alte sein würde. *„Gott, wie viele Baustellen habe ich denn noch zu bewältigen?"*, fragte ich mich selber. Aber es hätte ja noch schlimmer kommen können.

Ich holte die Katzentoilette aus dem Keller. Frau Mertens stand wieder an der Tür, oder immer noch? Sie fragte mich, ob ich ihren Mann gesehen hätte. Hä? Ihren Mann? *„Ach auf den wartet sie? Die dumme Kuh!"*, stellte ich fest und antwortete: „Nö!". Schnell lief ich weiter, denn ich hatte keinen Nerv auf ein Gespräch mit ihr.

Ich verdonnerte Bobby in die Gästetoilette, denn es war der einzige Raum, der katzensicher war. Keine hohen Schränke, auf die er hinaufspringen konnte. Außerdem konnte man die Tür absperren. Die Katzentoilette stellte ich auch hinein. Aus Decken machte ich ihm einen gemütlichen Schlafplatz. Sein Futter stellte ich neben die Toilette, das störte ihn nicht. Nur ich stellte mir vor, wie es wohl wäre, direkt neben der Toilette meinen Schweinebraten zu essen. Dann dachte ich an die Frau, die unseren Bobby in die Tierklinik gebracht hatte und ich traf eine Entscheidung:

Sie musste belohnt werden. Am besten sofort. Ich packte Lena, die mit Spielen beschäftigt war. Ich sagte ihr, dass wir einen großen Blumenstrauß besorgen müssen. „Wieso, Mama, Hmm?". „Weil die Mutter von dem Mädchen unseren Bobby in die Tierklinik gebracht hat. Da müssen wir uns doch bedanken", erklärte ich ihr, während ich mir schon die Jacke anzog. Lena trödelte. Sie ging nochmal zu Bobby, um ihn ein paar Leckerlies zu reichen, dann zog sie langsam ihre Schuhe an. „Mach hin, die Läden haben nicht den ganzen Tag offen", forderte ich sie auf. Dann dachte ich über den Namen nach, den mir das Mädchen sagte, aber ich konnte mich nicht mehr erinnern. Irgendetwas mit T.

„Mama, Hmm, wie heißt die Frau?", wollte Lena wissen, während sie gemütlich ihre Jacke anzog. „Ich weiß nicht mehr, irgendwas das so klang wie Frau Trallala", antwortete ich ihr. Dann sperrte ich Bobby in seinen Gästetoilettenknast ein. Er schlief Gott sein Dank, da fiel mir die Einknastung nicht so schwer.

Wir fuhren in den Ort. Dort besorgten wir einen großen Strauß Blumen. Ich fuhr immer noch total langsam, da ich plötzlich Angst hatte, eine Katze zu überfahren. Wir klingelten an Frau Trallalas Haus. Es dauerte nicht lange, bis sie öffnete. Die Dame war um die sechzig, hatte selber drei Katzen und einen Hund. Sie freute sich sichtlich über die Blumen. Dann erzählte sie uns, dass sie unseren Bobby hinter ihrem Grundstück in einem Bach gefunden hatte, als sie ihren Biomüll entsorgte.

Unser Bobby hatte sich wohl unter Gestrüpp versteckt. Sie sah anfangs nur einen weißen Hinterfuß dort drinnen liegen. Das verwunderte sie. Dann stieg sie den Hang hinunter. Sie erkannte sofort, dass dort ein verletzter Kater lag.

„Gott, der arme Kerl, wie viele Stunden muss er da mit Schmerzen und voller Angst drinnen gelegen haben?", fragte ich mich. Ich war so dankbar, dass es noch tierliebe Menschen gibt. Lena schien das alles nicht zu interessieren, oder sie verstand einfach nicht, wie diese Geschichte mir an die Nieren ging. Stattdessen futterte sie genüsslich die Erdnüsse auf, die auf Frau Trallalas Tisch standen.

Das Wochenende verbrachte Bobby in seinem Toilettenknast. Er schlief die ganze Zeit über. Was hätte er sonst anderes tun sollen? Und wir, wir gingen keinen Schritt außer Haus, denn ich wollte den armen Kerl nicht alleine lassen.

Montagmorgen fuhr ich erst Lena zur Schule, dann brachte ich Bobby in die Tierklinik. Im Wartezimmer rief ich meine Firma an und Frau Engels ging an den Apparat. (Ausgerechnet die dumme Kuh!)

Ich log was das Zeug hielt. Ich sagte, dass es einen Stau auf der Autobahn gibt. Dass ich keinen Meter vorwärtskäme, dabei musste ich die Autobahn gar nicht benutzen. Außerdem behauptete ich mutig, dass ich schon im Radio gehört hatte, dass ein großer Unfall diese Autobahn blockiert. (Denn ich wusste, dass es am Empfang weit und breit kein Radio gab!)

Und ich sagte, dass ich circa eine Stunde später kommen würde. Dann bat mich der Tierarzt zu sich rein, ich musste schnell auflegen. Ich glaube Frau Engels hörte im Hintergrund noch eine männliche Stimme, aber es war mir in diesem Moment auch egal.

Der Tierarzt erklärte mir kurz, wie er Bobbys Oberschenkelknochen stabilisieren wird. Mir wurde schlecht, ich bekam einen Kreislaufzusammenbruch. Ich wurde kreidebleich, musste mich erst mal hinsetzen. Dann dachte ich mir, bloß nicht kotzen, Astrid. Ich hörte einfach nicht mehr zu, denn ich konnte mich auf das, was der Tierarzt sagte, nicht mehr konzentrieren. Ich hörte nur noch, wie er sagte, dass er mich anrufen wird, wenn die Operation vorüber ist. Ich fuhr taumelnd davon. Dass ich mich von Bobby nicht verabschiedet hatte, merkte ich erst, als ich nach der zweiten Kurve anhalten musste, um in den Komposthaufen eines Bauerngartens zu kotzten. (Ich fand in der Eile kein anderes lohnenderes Objekt!)

Dann sah ich eine Bauersfrau an ihrem Küchenfenster kleben, die mich interessiert beobachtete. Ich zog die Schultern hoch und fuhr weiter. *„Zumindest war der Kürbis in diesem Jahr besonders gut gedüngt"*, dachte ich noch, dann stand ich auch schon im Stau. Nicht auf der Autobahn, nein, an dieser blöden Bummelzug-Schranke. Der Bummelzug, der alle zwanzig Minuten mal vorbeikommt und mich am Bahnübergang zwanzig Minuten warten lässt! Ich rief nochmal in der Firma an. Gott sei Dank war Frau Probst am Apparat. Ich sagte ihr, dass ich gleich komme. Ich avisierte ihr auch, dass es einen guten Grund für meine Verspätung gäbe.

Eine Stunde später kam ich in der Firma an. Ich setzte mich und hörte plötzlich einen Radiosender im Hintergrund laufen. „Da war überhaupt kein Stau auf der Autobahn", pflaumte mich Frau Engels an. „Was haben Sie denn für einen Sender drin?", fragte ich. Aber ich fühlte mich ertappt. „Bayern3", raunzte sie weiter. „Ja, der muss es ja wissen", meinte ich und war froh, dass mein Telefon läutete.

„Psst, Frau Lindner, warum bist du denn zu spät?", wollte Frau Probst wissen. „Weil mein Kater Bobby letzten Freitag angefahren wurde. Ich musste ihn heute Morgen in die Tierklinik zur OP bringen", erklärte ich ihr. „Oh Gott, hoffentlich nichts Schlimmes?", fragte sie weiter. „Doch, Oberschenkelfraktur, die aussieht als wäre eine Handgranate in meinen Kater geflogen", erklärte ich ihr. „Das ist wichtiger, als dieser dumme Job", sagte sie verständnisvoll. „*Dummer Job, ja, aber besser als gar keinen Job*", dachte ich. Dann stand auch schon Frau Glück vor mir, die aus irgendeinem Grund wusste, dass ich eine Stunde zu spät zur Arbeit gekommen war.

„Kommen sie mal mit in mein Büro", forderte sie mich brüsk auf. „Ja", sagte ich kleinlaut und ich folgte ihr wie ein ertapptes Schulmädchen dem Konrektor. Dabei beobachte ich Frau Engels, wie sie siegessicher grinste. Da wusste ich, dass sie mich verpetzt hatte. „*Na warte, du Schlampe!*", dachte ich. Dann überlegte ich, was mir für sie einfallen würde, um ihr eine gerechte Strafe zu verpassen.

Im Büro von Frau Glück angekommen, folgte eine Unterhaltung, die sich gewaschen hatte. Irgendwie konnte ich es ja verstehen, dass es sich nicht besonders gut schickt, schon in der zweiten Woche eine geschlagene Stunde zu spät zu kommen. Und das ausgerechnet auch noch an einem Montagmorgen! Zeit, mich zu rechtfertigen, hatte ich keine. (Wo blieb nur ihr herziges Kichern?)

Ich setzte immer wieder zu sprechen an, hatte aber keine Chance, etwas zwischen ihren Stakkatos „einzubauen". „Das kommt wohl hoffentlich nie wieder vor? Und es gibt genügend Arbeitslose, die ihren Job gern sofort nehmen würden. Sie sind in der Probezeit", brüstete sie sich. (Bei kleinen Brüsten ist der Mund umso lauter!)

„Ja, sie haben absolut Recht, es ist nur so, dass mein Kater am Freitag angefahren wurde, er wird gerade operiert", konnte ich gerade noch einfügen. „Dann hätten sie eben schon am Freitag Bescheid geben müssen, dass sie sich verspäten. Außerdem müssen sie diese Stunde wieder rein arbeiten, das ist ihnen wohl klar".

„Das ist mir klar", sagte ich und ging aus ihrem Büro, um nicht noch mehr Ärger mit einer derartigen Tierhasserin zu bekommen. Ich fuhr per Lift die Stockwerke hinab und dachte: *„Sag mal, wo leben wir denn? Wie weit sind wir mit unserem Profit gekommen, dass nicht mal eine kleine Katerseele wichtiger ist, als eine blöde Stunde Arbeitszeit? Und: Wäre es sinnvoller gewesen, Frau Glück die Geschichte mit dem Autobahnstau aufzutischen? Dann hätte ich ihr wohl auch schon am Freitag Bescheid geben müssen, dass am kommenden Montag ein Unfall auf der Autobahn passieren wird. Egal, was ich sage, es wäre auf jeden Fall falsch"*.

Frustriert setzte ich mich an meinen Arbeitsplatz. Ich widmete mich der Ablage. *„Nicht groß überlegen bei dieser Art von Arbeit, das ist jetzt genau mein Fall"*, dachte ich mir noch, da fragte Frau Engels: „Na, wohl nicht so gut gelaufen, was?". „Na, haben sie denn heute keinen Botengang zu machen? Und vergessen sie nicht, noch ein weiteres Gummibärchen an ihren Hintern zu kleben, denn das macht die Männer besonders scharf", erwiderte ich, woraufhin Frau Probst und Frau Büchelmeier laut loslachten. *„Außerdem sind Gummibärchen bestimmt leckerer für Männer, als ihr alter, vertrockneter Hintern",* dachte ich noch. Das Gelächter hatte ich auf meiner Seite. Frau Engels stand auf und ging. Wohin auch immer.

Dann erzählte ich Frau Büchelmeier und Frau Probst die ganze Geschichte von meinem Kater Bobby, die sich rührend dafür interessierten. Mein Handy unterbrach mich, der Tierarzt war dran. Er sagte, dass die Operation gut verlaufen war. Ich sollte Bobby heute Nachmittag ab drei Uhr abholen.

Da war ich sichtlich erleichtert. Frau Büchelmeier und Frau Probst freuten sich mit mir. Herr 495 betrat die Empfangshalle und steuerte direkt auf uns Damen zu. Ich schaute eisern in meinen Computer, wo es wirklich nichts Spannendes zu sehen gab, dann unterhielt er sich mit den beiden Damen über das „Wetter". *„Wie einfallsreich der doch ist!"*, er versuchte mit mir sichtlich in Blickkontakt zu treten, was ihm aus meiner Sicht nicht gelingen sollte. Dann trommelte er unsicher auf die Holztheke, um sich kurz darauf wieder zu verabschieden. Ich wollte auch nicht unhöflich sein. Ich sagte tschüss, als er sich schon umgedreht hatte. Da sah ich erst mal seinen durchtrainierten Körper. (Ich dachte bisher Bürohengste hätten auch immer einen Bürokörper!)

Die Telefonanlage stand dann für eine Stunde nicht mehr still. Das war ja auch kein Wunder, wenn Frau Engels nicht da war, und wir ihre Gespräche mit beantworten mussten. (Ich glaube, ich muss das mal bei Frau Glück petzen!)

Die Mittagspause rückte näher. Frau Engels kam an ihren Arbeitsplatz zurück, um sich ihre Lippen zu bemalen. Sie sah noch dämlicher aus als zuvor. Sie ging heute ein paar Minuten früher in die Pause. „Psst, Frau Probst, wieso ist denn die Engels so blöd", wollte ich wissen. „Ach die, die ist immer so. Sie ist vor ein paar Jahren von ihrem Mann verlassen worden. Jetzt ist sie frustriert, aber pass auf, die ist eine olle Petze und rennt sofort zur Geschäftsleitung. Angeblich hat sie was mit dem Juniorchef. Aber sag nichts", antwortete Frau Probst. „Hä, die olle Schrulle ist doch mindestens fünfzehn Jahre älter als der Juniorchef?", stellte ich fest. „Ja, so ungefähr", sagte Frau Probst lachend. „Du meinst also, wenn sie auf Botengang geht, dann geht sie zu ihm?", fragte ich. „Ja, ganz sicher".

Frau Probst und Frau Ruhdorfer gingen dann in die Mittagspause. Sie ließen mich wieder wie einen armen Köter zurück. Ich dachte nach. Und erinnerte mich an mein Vorstellungsgespräch. Dass da noch zwei Herren anwesend waren, die ich als Juniorchefs eingestuft hatte. Der eine war jünger als ich. Den anderen konnte ich nur schwer einschätzen, aber er war bestimmt nicht viel älter als ich. „*Sag mal, graut es dem denn*

103

vor gar nichts?", dachte ich. Oder: „*Er benutzt sie wohl nur als Spitzel in der Firma*". Oder: „*Er macht seinem Namen als Bürohengst alle Ehre. Sicherlich ist Frau Engels eine gute Reiterin*". Und: „*Frau Engels lässt während der Arbeitszeit ihre Wut an Familienvätern aus* ". Mir wurde ganz schlecht, ich lenkte mich mit dem Internet ab.

Plötzlich stand Frau Glück neben mir. Sie ordnete an, dass ich die fehlende Arbeitsstunde morgen nach der Mittagsschicht nachholen muss. Ich drückte das Internet erschrocken weg. Ich sagte ihr verunsichert zu, dass ich das selbstverständlich machen werde. „Ach ja", sagte sie noch „wenn sie morgen eh eine Stunde länger arbeiten, möchte ich, dass sie die Telefonliste aktualisieren. Hier ist eine Liste, auf denen alle Namen, Adressen und Telefonnummern neuer Kunden stehen. Aktualisieren sie die bitte im Computer. Sie warf mir einen großen Stapel Papier vor die Nase. Man erkannte: Das ist sicherlich mehr Arbeit als für eine Stunde. Dann donnerte Frau Glück auf ihren Stöckelschuhen davon.

„*Äh, und wie aktualisiere ich diese Liste in meinen Computer?*", fragt ich mich insgeheim. Dann schaute ich auf die Uhr, ich musste Lena anrufen. Meine Telefonanlage klingelte. Ich ging absichtlich nicht dran, weil ich Angst hatte, dass wieder so ein Dummquatscher meine Zeit stehlen wollte. Und das nur, um mich von Lenas süßer Stimme und der Sicherheit, zu wissen, dass sie sicher zu Hause war, abzuhalten.

Lena ging sofort ans Telefon. Sie berichtete mir, dass die Jungs sie in der Pause wieder ärgerten. Dann klingelte schon wieder meine Telefonanlage. Ich musste

Lena „abwürgen". „Schnackl, bis gleich, liebe dich",
sagte ich noch, dann ging ich zu meiner Telefonanlage. Ich sah auf dem Display wieder die gleiche Nummer wie vorhin. Es war eine HandyNummer.

„Firma SFAM, mein Name ist Astrid Lindner, was
kann ich für sie tun?", fragte ich süß. „Was sie für
mich tun können? Sie könnten mich ruhig anschauen,
wenn ich am Empfang stehe, oder sie könnten mich
einfach nur wie einen Menschen behandeln", sagte
eine Stimme, die mir irgendwie bekannt vorkam. „Äh,
wer sind sie denn, den ich anschauen soll?", fragte ich
verunsichert. „Eifler. 495!". *„Oh, Scheiße!".*

„Äh, ja, dann... ähh, ich bin erst neu hier und kenne
mich nicht so aus", stammelte ich, während ich mich
gleichzeitig ärgerte, dass 495 mich von seinem Handy
aus kontaktierte. Das tat er doch nur, damit ich seine
Nummer nicht auf dem Display erkannte. „Ich beiße
nicht", sagte 495. „Sie sind ja auch kein Hund, ne!?",
antwortete ich ihm. „Und sie sind irgendwie anders",
antwortet er mir. „Ist das ein Kompliment?", fragte
ich. „Wie sie wollen", dann gähnende Leere. „Ist es
nun, oder ist es nicht?", wollte ich wissen. „Was?".
„Na Kompliment oder Beleidigung?", hakte ich nach.
„Wie sie wollen". *„Einfallsloser Mann mit durchtrai-
niertem Körper. Emotionsloser Fachidiot, der nicht
weiß, wie man eine Frau anspricht",* dachte ich. „Wie
schätzen sie das denn ein?", wollte 495 wissen. *„Ups,
was sollte ich denn nun sagen?".* „Eher Kompliment,
als Beleidigung", antwortete ich verunsichert. „Ja,
dann haben sie mich ja verstanden", sagte 495. „Sie,
ich kann jetzt nicht weiter die Leitung blockieren,
denn... ach, sie wissen schon", sagte ich grinsend und

legte auf. Denn meine Arbeitskolleginnen bogen in diesem Moment um die Ecke. Ich wollte erstens nicht, dass sie sowas mitbekamen, und zweitens musste ich schnell nach Hause, Lena wartete.

Auf dem Heimweg dachte ich über das Telefonat mit Herrn 495 nach. „*Was wollte der eigentlich von mir? War es wirklich eine Anmache, oder will er einfach nur kollegial sein? Oder beides? Damit er sich wenden kann, falls er ertappt wird? Komisch, auf jeden Fall. Ich werde ihn weiter zappeln lassen, oder sollte ich ihn mir mal näher anschauen? Aber. Aber. Immer wieder, aber. Frau Ruhdorfer sagte doch, dass er das mit Jeder macht. Ich bin aber nicht Jede. Das musste 495 auch schon feststellen. Fortschritt. Ach Bobby, wie geht es dir? Ich freue mich auf dich*".

Zu Hause angekommen, tappelte Lena fröhlich auf mich zu. „Hallo Mama", sagte sie, als hätte sie mich zwei Wochen nicht mehr gesehen. Sie umarmte mich. Es war wieder einer dieser schönen Momente im Leben, mit meinem Schnackl, wie es besser nicht sein könnte.

Manchmal sagen Kindergesten mehr als tausend Worte. Ich bin stolz darauf, dass Lena so ausdrucksstark ist. Ich konnte auch nie begreifen, warum andere Kinder mein wunderbares Schnackl immer so ärgerten. Ich glaube sie waren neidisch. „Mama, Hmm, heute holen wir unseren Bobby heim", sagte sie und ihre Augen leuchteten. „Ja, mein Schnackl, ab drei Uhr können wir ihn abholen, aber jetzt lass uns mal eben was essen". „Oh, ja, ich habe Hunger, was gibt es denn?", wollte sie wissen.

Ich inspizierte den Kühlschrank, aus dem mir die pure Leere entgegensprang. Nur etwas Speck, Pizzakäse, vier Eier und drei gekochte Kartoffeln waren zu sehen. *„Manno, ich muss mich besser organisieren"*, dachte ich. Da kam mir die Idee. Man könnte aus diesen Zutaten vielleicht ein Bauernfrühstück zaubern. „Heute machen wir ein Bauernfrühstück", sagte ich stolz wie Tim Mälzer. „Aber Mama, wir frühstücken doch nicht". „Das heißt auch nur so, willst du mir helfen?", fragte ich Lena. „Nö". Sie ging in ihr Zimmer spielen. Dann folgte: Zwiebeln schneiden bis zum Heulen. Zwiebel und Speck anbraten, bis sich der Feuermelder meldet. Kartoffelwürfel anbraten, damit die Nachbarn auch was für ihre Nase haben. Rührei drüber geklatscht, bis es stocke und die Pfanne sich auf den Glitzi-Schwamm freue. Und: Pizzakäse drauf. Deckel drüber, für fünf kurze Minuten, damit der Käse schmilzt. *„Gell Tim, da schaust du. Und du Waage? Du am nächsten Tag auch!"*.

Lena machte während des Essens ihre Hausaufgaben, weil sie dachte, dass es dann schneller drei Uhr werden würde. Sie landete mit einem Speckwürfel einen Fettvolltreffer in ihrem Mathebuch. Sie ließ den Speckwürfel drinnen liegen, klappte das Buch einfach zu. (Nun ja, der Schüler im nächsten Jahr wird sich sicherlich darüber freuen!)

Dann versuchte sie ein paar Farben ins Englische zu übersetzen. Mit vollem Bauernfrühstückmund. „Red", ging noch. „Yellow", auch. Nur bei „purpel", spritzte sie über den ganzen Tisch, über all ihre Hefte. „Mama, Hmm, wieso lachst du?", wollte Lena wissen. „Nun ja, weil du erstens mit deinen vollen Backen recht komisch aussiehst und zweitens, weil du dadurch eine gute Aussprache in Englisch bekommen hast". „Mama, was denn?". Ich holte grinsend einen Lappen aus der Küche. Damit versuchte ich die Flecken aus den Heften zu entfernen. Aber das machte alles nur noch schlimmer, die Einträge in Lenas Heften verwischten sich. Aus „purpel" wurde plötzlich „popel", aus „yellow" wurde „bello", und als „red" las ich „bett". „Schau mal, jetzt heißt der Satz: Der Bello sitzt popelnd im Bett".

„Mama, was denn?". „Du kannst diesen Eintrag ja mal deinem Kunstlehrer zeigen. Mal schauen, was der dazu sagt". „Mama, was denn?". „Wird darstellende Kunst in eurer Schule nicht gelehrt?". „Lass es einfach Mama, O.K.?". „Gut, aber lass uns unseren Bobby abholen".

Wir zogen uns was über, nahmen den Katzenkorb mit. Still, ohne weiteren Blödsinn zu verzapfen, fuhren wir zur Tierklinik. Im Aufwachraum miaute uns Bobby schon sehnsüchtig an. Er hatte eine große, zugeklebte Narbe entlang seiner linken Hüfte. Sein Fell war an dieser Stelle komplett abrasiert. Beide Beinchen waren mit Bandagen umwickelt. Irgendwie roch er nicht mehr so lecker wie früher, aber egal. Der Tierarzt zeigte mir die Röntgenbilder. Er erklärte mir, dass er den Oberschenkelknochen mit Hilfe eines Nagels, der im Knochenmark steckt, stabilisieren konnte. Die abgesplitterten Knochenstücke legte er wie Puzzlestücke in ihre ursprüngliche Form zurück. Das war nicht nur aus medizinischer Sicht sehr beeindruckend.

Wieder zu Hause, wollte Bobby gleich humpelnd durch Jonny Depp-Katzenklappe. Dass durfte er natürlich nicht. Eine humpelnde Katze ist leicht zu fangen, um sie in den Gästetoilettenknast zu sperren. Die Katzenklappe verriegelte ich, dass er nicht doch noch in einem unachtsamen Moment entwischen konnte. Dann schlief Bobby ein. Ich bemerkte, dass er ziemlich heiß wurde. Seine eh schon rosafarbenen Ohren fingen an zu glühen. Ich rief in der Tierklinik an und berichtete dem Tierarzt über seinen Zustand. Der sagte mir, dass ich mit Bobby sofort kommen müsste, da er eine fiebersenkende Spritze bräuchte. Also packte ich Bobby und Lena wieder ins Auto und fuhr abends nochmal in die Tierklinik. Die Spritze setzte die Tierarzthelferin. Sie gab mir ein paar Spritzen mit nach Hause. „Wie jetzt? Ich soll ihn zu Hause spritzen?", fragte ich entsetzt. „Ja, dass schaffen sie schon. Sie müssen nur mit dem Daumen und dem Mittelfinger seine Haut anheben, dann mit dem Zeigefinger gegen diese Falte ziehen. Dann die Spritze waagrecht ansetzen und hinein pieken. Er braucht täglich eine Spritze, um das Fieber zu senken", sagte sie. Ich schaute sie mit großen Augen an. „Dass schaffen sie schon. Ich gebe ihnen jetzt mal fünf dieser Spritzen mit. Für seine Narben fülle ich ihnen ein Serum ab, welches die Wundheilung fördert", sagte sie wie selbstverständlich. (Selbstverständlich war es für sie, die es täglich hundert Mal machte, aber nicht für mich, die nur telefonieren und Hausaufgaben betreuen konnte!)

„Geben sie ihm die nächste Spritze morgen Abend um die gleiche Zeit. Haben sie keine Angst, Katzen haben ein anderes Nervensystem als wir Menschen", sagte sie und übergab mir dabei die Medikamente in einer kleinen Tüte. Ich legte Bobby in seinen Katzenkorb und fuhr mit Lena nach Hause.

„Mama, Hmm, wenn ich so krank sein würde, dann würdest du mich doch auch spritzen?". „Na klar. Ich will doch, dass es dir gut geht", antwortete ich ihr. „Und willst du, dass es unserem Bobby gut geht?", fragte sie mich. „Na klar, ihr seid doch meine Familie", antwortete ich ihr. Ich überlegte kurz und ich wusste, was Lena mir sagen wollte.

„Was habe ich nur für eine spirituelle Tochter. Wieso gibt es auf diese Sätze und Antworten der Kinder keine Noten? Meine Lena würde mit acht Jahren damit ihr Abitur machen können, aber nicht in dieser Welt, nur in unserer eigenen Welt".

Bobbys Ohren wurden nach der Spritze wieder rosarot. Sein Fieber schien runter zu gehen. Aber ich musste ihn über Nacht wieder in seinen Knast sperren. Abends kochte ich ein Gulasch von der Pute vor, das war schnell fertig. Ich sagte Lena, dass sie noch eine Stunde länger alleine sein wird, da ich die eine Stunde wieder einarbeiten muss, die ich am Montagmorgen für Bobby ausgab. „Wie kann man eine Stunde ausgeben? Kann man das? Ist es wie Geld ausgeben?", wollte Lena wissen. „Nein, Schnackl, das heißt halt einfach so". „Aber hast du zugehört? Ich komme morgen erst kurz vor drei Uhr nach Hause. Ich gebe dir mehr Brotzeit mit, damit du mir nicht verhungerst bis dahin", erklärte ich ihr. Lena schaute mich groß an, dann sagte sie: „Mama, du musst doch nicht etwa nachsitzen?". Dazu lachte sie höhnisch. „So ungefähr musst du dir das vorstellen, aber ich konnte doch nichts dafür. Bobby war in diesem Moment wichtiger", ergänzte ich und musste selber innerlich grinsen.

Außerdem war ich froh, dass sie mir keine Szene machte.

Ich schmierte zwei Salamibrote, packte diese zusammen mit ihrer Trinkflasche in den Kühlschrank. Dann sah ich nach Bobby. Der schaute mich mit großen Augen an. „*Man, tust du mir leid*", dachte ich. Ich gab ihm was zum Fressen und zum Trinken, was er verweigerte. „Bobby, du musst doch was fressen", redete ich auf ihn ein, aber er roch noch nicht mal dran. Dann erinnerte ich mich daran, dass er, als er noch klein war, alles was mit Schokolade zu tun hatte gerne fraß. Ich ging in die Küche, nahm einen Teelöffel Nutella aus dem Pott und hielt es ihm unter seine Nase. Und er schleckte dies. „Mama, das ist aber nicht gut für seine Zähne!", ermahnte mich Lena, als sie das sah. „Ja, ich weiß, aber es ist gut für seine Seele", antwortete ich ihr, denn ich war froh, dass er überhaupt etwas fraß. Er bekam dann noch einen weiteren Löffel.

Am nächsten Morgen war wieder Stress im Hause Lindner angesagt. Ich musste Lena für die Schule fertig machen, gleichzeitig musste ich mich fertig machen und gleichzeitig schrie Bobby nach Futter, welches er dann wohl verweigern würde. Ich machte Lena ein Nutellabrot. Bei diesem Duft lockte es Bobby aus seinem Gästetoilettenknast. Humpelnd, wie ein betrunkener Kater, schleppte er sich zum Tisch hin. Dann fiel er um! Genau auf seinen frisch operierten Oberschenkel! „Autsch" schrie Lena. „Autsch" schrie auch ich.

Aber Bobby störte dies nicht. Als ich ihn wieder in seinen Knast legte, bemerkte ich, dass er wieder ziemlich heiß war. Ich gab ihm einen Löffel Nutella, welches er nur ansabberte.

Ich setzte mich wieder zu Lena an den Tisch, trank meinen Kaffee. Da hörten wir Bobby in seiner Katzentoilette scharren. Es dauerte nicht lange, dann hatten wir den Duft von frisch verscharrter Bobbykacke um unsere Nase, gemischt mit frischem Kaffee und Nutella. „Lecker Mama", stellte Lena fest. „Wieso? Wir können doch froh sein, dass er überhaupt noch einen Stinker kann", sagte ich.

Dann mussten wir los. Ich sperrte die Gästetoilette ab. Dabei hatte ich ein schlechtes Gewissen, denn Bobby musste nun sieben Stunden ohne Fernseher oder ein spannendes Buch darin aushalten. Bis wir wiederkamen. Aber es half nichts. Die Gefahr wäre zu groß gewesen, dass er mit seinem geflickten Beinchen auf irgendwelche Schränke hüpft und dabei herunterfällt. Das durfte auf gar keinen Fall passieren. Ich lieferte Lena wie jeden Morgen an der Schule ab, sagte ihr, dass ich sie liebte und erinnerte sie nochmal daran, dass ich später kommen würde. „Liebe dich auch, Mama", sagte sie und hüpfte wie ein kleiner Frosch mit Schulranzen davon.

Auf dem Weg in die Firma machte ich mir Sorgen um Bobby. Ich dachte, an die Spritze, die ich ihm abends wieder in seinen Körper jagen musste. Dann saß ich auch schon wieder an meinem Arbeitsplatz, um ordnungsgemäß zu funktionieren. Das Telefon läutete ununterbrochen. *„Was für einen Gedanken hatte ich noch bei meinem Einstellungsgespräch? Telefonhörer an die Wand klatschen?"*. Dafür war die Hörerschnur zu kurz. Der Hörer würde am Ende nur Frau Büchelmeier oder Frau Probst auf den Schädel donnern. Dass hatten sie beide nicht verdient. Auf meiner rechten Seite bei Frau Engels war leider keine Wand um den Hörer dran zu klatschen. Oh, aber Frau Ruhdorfer war wieder gesund. Sie sah besser aus als je zuvor. „Psst, Frau Ruhdorfer!", flüsterte ich ihr zwischen den Telefonaten zu, „wie geht's Dir? Toll schaust du aus".

„Psst, Frau Lindner", sagte sie grinsend. Ich musste lachen, da sie mich imitierte. „Danke gut, habe mich verliebt!", fügte sie hinzu. „Was?", und da läutete mein dummes Telefon schon wieder. „Firma SFAM, mein Name ist Astrid Lindner, was kann ich für sie tun?", säuselte ich in den Hörer. „Sie können sich endlich an ihr Herz fassen, mir einen Gefallen zu tun", hörte ich eine bekannte Stimme. 495 stand auf meinem Display. „*Mann, Mist, wieso hab ich nicht vorher aufs Display geschaut, dann hätte ich das Gespräch an Frau Engels umgeleitet*". „Kommt auf den Gefallen an", stotterte ich. „Ich würde sie gerne auf einen Kaffee einladen. Und wenn sie keinen Kaffee wollen, dann eben Tee", schlug mir 495 vor. „Weder noch! Ich habe ein Prinzip", erwiderte ich. Das mit dem Prinzip fiel mir gerade so ein, weil ich es mal in einem amerikanischen Schmachtschinken gesehen hatte. „Was für ein Prinzip?", fragte mich 495. „Ich gehe grundsätzlich nicht mit Männern aus, die in der gleichen Firma beschäftigt sind, tut mir leid", knallte ich in den Hörer. Ich konnte durch die Leitung sehen, wie dieser Satz ihm vor seine Füße knallte. „Ich ruf sie zurück", sagte 495. Es hörte sich im Hintergrund so an, als würde jemand in sein Büro kommen.

„Psst, Frau Ruhdorfer!". „Psst, Frau Lindner?". „Wie jetzt, du hast dich während deiner Krankheit verliebt?", fragte ich nach. „Ja, im Wartezimmer. Da saß er und schaute mich genau so verrotzt an, wie ich ihn". „Klasse!", meinte ich. Dann wollte ich noch mehr Details wissen, aber da klingelte auch schon wieder dieser verflixte Apparat. Diesmal war es nicht 495. *„Schade eigentlich!".*

„Firma SFAM, mein Name ist Astrid Lindner, was kann ich für sie tun?", säuselte ich meinen schon fast angeborenen Satz. „Verbinden sie mich mit dem Wareneingang", hörte ich eine unfreundliche Stimme im ostdeutschen Dialekt. „Einen kleinen Moment bitte". Ich drückte die Rautetaste mit der Nummer 102 und war anschließend glücklich darüber, dass nicht schon wieder so ein Kaugummiquatscher dran war.

„Psst, Frau Ruhdorfer! Und wie alt ist er? Wie sieht er aus? Ist er verheiratet?". Gleichzeitig fiel mir bei meinen Fragen auf, dass ich diese Fragen eher in der umgekehrten Reihenfolge hätte stellen müssen. „He, Frau Lindner, er ist zehn Jahre älter als ich, sieht ausgesprochen gut aus, war mal verheiratet. Außerdem ist er gut im Bett!", antwortete sie mir. „Hä? Ich dachte ihr wart erkältet?", fragte ich naiv. „Das geht auch mit Erkältung", lachte Frau Ruhdorfer. *„Na, dann riecht man sich wenigstens nicht so, dachte ich bei mir!".* „Freut mich für euch!", sagte ich ihr.

Frau Engels hörte, dass wir miteinander redeten. Sie wusste aber nicht, über was wir redeten. *„Gut so, die olle Mistgabel muss ja nicht alles mitbekommen".* Aber sie zog ihre Augenbrauen in die Höhe. Zudem hatte ich das Gefühl, als säße Frau Rottenmeier persönlich neben uns. Das Telefon klingelte wieder, eine Frau wollte in ihrem Fiat Panda Baujahr 1995 ein Schiebedach einbauen lassen, welches über die gesamte Fläche ihres Autos verlaufen sollte. Ich stellte diese Dame an die 495 durch: Als Kundenbetreuer der Nation würde er sie sicherlich darauf hinweisen, dass es eine Abwrackprämie für ihre Panda-Ölsardinenbüchse gibt.

Ich musste willkürlich an meinen Renault Twingo denken. *„Was würde der von mir halten, wenn ich ihm ein solches Dach verpassen würde? Ich glaube, er würde zusammenbrechen, denn bei so viel Rost ist ein Schiebedach nicht tragbar".*

Mittags gingen die Damen wieder pünktlich zu Tisch. Es roch im Haus nach Hackbraten mit Kartoffelpüree. Dazu gab es bestimmt Gemüse aus Eimern. Auch der Duft der Fix-Päckchen war nicht zu überriechen. Alleine der Geruch von Fertigsaucen mit Geschmacksverstärker und Laktose aktivierten meine Verdauungsorgane. Ich war glücklich, diese Mittagsschicht ohne Essen und alleine zu verbringen! Ich schaute ins Internet, denn mir war langweilig. Die Ablage hatte ich bereits erledigt. Ich guckte einen Videoclip von „Deutschland sucht den Superstar". Pupste da wirklich ein Engländer den Wiener Walzer? Und das in Deutschland? (Mr. Methane besucht wahrscheinlich eine ähnliche Kantine, wie die bei SFAM!)

Plötzlich stand ein Kunde vor mir. Er hörte, was ich da auf YouTube anschaute. Ich wurde knallrot im Gesicht, drückte den Clip schnell weg. „He, he, he, was kann ich für sie tun?", stotterte ich. „Lassen sie sich nicht stören, ich schaue auch immer solche Sachen an, wenn meine Frau nicht in der Nähe ist", sagte der Kunde. Er stellte sich als Beck vor und wollte Herrn Kuhbach vom fünften Stock sprechen. *„Kuhbach?", dachte ich, „den habe ich ja hier noch nie gesehen".* Ich schaute in der Mitarbeiterliste nach, welche Telefonnummer er wohl hat. Ich rief Herrn Kuhbach, sagte ihm, dass ein Herr Beck vor mir stünde und ihn zu sprechen begehrte. Dann schickte ich den Herrn Beck in den fünften Stock. „Lassen sie sich nicht weiter stören", sagte Herr Beck augenzwinkernd. Grinsend und winkend verschwand er im Aufzug.

„Es gibt doch noch verständnisvolle Menschen auf diesem Planeten, aber ich darf mich auf keinen Fall ein weiteres Mal erwischen lassen, denn das könnte mich meinen Job kosten. Dann würde die Odyssee des Jobsuchens wieder von vorn beginnen!", dachte ich. Ein kurzer Blick auf die Uhr zeigte: *Zwanzig nach eins!* Ich muss mein Schnackchen anrufen, um zu wissen, ob sie von der Schule schon nach Hause gekommen ist, und, ob sie Bobby seinen Löffel Nutella gegeben hat.

Ich rief sie von meinem Handy aus an. Sie ging sofort dran. Sie berichtete mir, dass sie Bobby aus der Gästetoilette befreit hätte, er auf dem Esstisch gehüpft war und wieder herunter springen wollte. „Nein", schrie ich. „Er darf nicht springen!". „Wieso denn nicht?", fragte Lena verdutzt. „Na, weil sonst sein Knochen wieder kaputt gehen kann", motzte ich sie an. „Aber früher konnte er es doch auch, Mama!"

„Lena, bitte, nehm ihn vorsichtig vom Tisch herunter und sperre ihn wieder ins Gästeklo", befahl ich ihr.

Dann hörte ich, wie sie den Hörer bei Seite legte. Sie sprach zu Bobby: „Du darfst hier nicht sein, sonst wird dein Knochen kaputt gehen. Du musst jetzt ins Gästeklo, bis Mama kommt". Ich hörte ein kleines Miau, dann die Spüle unseres Geberit-Spülkastens im Klo.

„Lena, Lena, du hast doch wohl nicht unseren Bobby im Klo runtergespült?", schrie ich in den Hörer, der noch auf dem Esstisch lag. Aber ich konnte die gesamte Lobby von SFAM zusammenbrüllen, Lena hörte mich nicht. Und: Lena ging nicht wieder ans Telefon. Ich hörte noch, wie sie im Hintergrund eine Melodie summte, sich irgendetwas aus dem Kühlschrank holte. Dann ging die Tür ihres Kinderzimmers auf. Ich musste auflegen, denn die Damen kamen von ihrer Mittagspause zurück.

„Herrgott, was war da los? Hat sie wirklich Bobby ins Klo gestopft und runtergespült? Würde Bobby überhaupt durch die Röhre passen? Und ausgerechnet heute muss ich noch eine Stunde länger arbeiten! Mann! Kotzt mich dass alles schon wieder an!".

„Firma SFAM, mein Name ist Astrid Lindner, was kann ich für sie tun?", sulzte ich genervt in den Hörer. *Eigentlich habe ich viel größere Sorgen, als sie mit ihrem blöden Luxusschiebedach, in dem sie sich dann mit ihrer Geliebten im Sommer ihr Ego und noch Weiteres stillen!"*, dachte ich. Dann schaute ich erst auf mein Display, da war sie wieder: Die 495. *„Mann eh, und um einen Mann muss ich mich dann vielleicht auch noch kümmern?"*. Ich sah durch mein inneres Auge plötzlich die dreckigen Unterhosen meines Ex vor der Waschmaschine unserer damaligen gemeinsamen Wohnung liegen. Daneben warteten die Hemden darauf, gebügelt zu werden, während er sich mit einer Flasche Bier das Halbfinale in einer Lautstärke anschaute, dass die gesamte Nachbarschaft zuhören konnte.

„Warum sind sie denn so schlecht gelaunt?", fragte Herr 495. „Oh, kann man das hören?", fragte ich. „Ja, das war deutlich zu hören. Also ich meine nicht, dass es unfreundlich klang, nur war ihre Stimme so neutral. Im Gegensatz zu sonst, da ist ihre Stimme immer so, als würde die Sonne aufgehen!". *„Schleimer! Wie sehen denn deine Unterhosen vor meiner Waschmaschine aus?"*. „So, so", sagte ich im neutralem Ton. „Ich weiß, sie haben ihre Prinzipien. Die habe ich auch. Allerdings möchte ich sie nicht vor der gesamten Belegschaft fragen, ob sie mich küssen wollen. Oder anders gesagt: Ich wollte sie einfach nur mal näher kennenlernen, damit man weiß, mit wem man es hier in der Firma so zu tun hat", erklärte mir Herr 495. „Und wieso können sie dann nicht bis zur nächsten Weihnachtsfeier warten?", fragte ich ihn, da ich wusste, dass das nächste Weihnachtsfest schon in drei Monaten stattfindet. „Kommen sie, wir haben Ende September. Bis Weihnachten ist es doch noch eine halbe Ewigkeit", stellte 495 entnervt fest. *„Wie klug doch Männer sind, die keine Unterhosen waschen müssen, denn sonst wüssten sie, wie schnell die Zeit beim Waschen vergeht und wie plötzlich manchmal Weihnachten ist!"*.

„Wissen sie, ich habe eine kranke Katze zu Hause, die wahrscheinlich von meiner Tochter eben gerade in der Toilette hinuntergespült würde. Da habe ich einfach keinen Nerv mit einem Mann Kaffee zu schlürfen", sagte ich wahrheitsgemäß. „Wissen sie was? Sie können einen anderen Idioten verarschen. Tschüss". Wumms. Und 495 legte einfach auf. Da sagt man einmal die Wahrheit. Und schon ist man die mit der A-Karte in der rechten Hosentasche.

„Psst, Frau Ruhdorfer, der Freiwildjäger 495 lässt mir keine Ruhe". „Was ist denn ein Freiwildjäger 495?", wollte Frau Ruhdorfer wissen. „Na, 495, Herr Eifler, er will ständig mit mir auf einen Kaffee gehen und ich möchte das nicht, denn er scheint hier alle zu nageln, wie du doch schon am ersten Tag zu mir gesagt hattest", antwortete ich ihr.

„Wie der Herr Eifler? Nee, der ist harmlos. Der sucht einfach ungehobelt nach seiner großen Liebe. Der ist eigentlich total nett, zudem höchst sensibel. Nur weiß er nicht, wie er sich anstellen soll. Wen ich damals gemeint hatte ist Herr Eigner 494. Das ist ein Draufgänger, ein Schürzenjäger. Ich dachte, der macht auch dich an, nachdem er bei Frau Probst und Frau Büchelmeier mal „drüber" gerutscht ist. Und psst, wir vermuten, dass Frau Engels ihre Botengänge bei ihm macht", erklärte mir Frau Ruhdorfer.

„Ach du Scheiße", sagte ich lauthals. Frau Ruhdorfer grinste. „Und ich war die größte Zicke der Nation, nur weil ich dachte, dass 495 mit mir ein hopp la popp machen wollte", sagte ich. „Was ist denn ein hopp la popp?", lachte Frau Ruhdorfer los. (Sie wusste genau, was ich meinte!)

Ich fuhr wieder im Schweinsgalopp nach Hause, denn ich hatte ein ziemlich grausames Bild vor Augen. Ich stellte mir vor, wie Bobby in der Toilette hing. Nur sein Köpfchen schaute noch heraus. Seine großen Ohren verhinderten, dass er komplett unterging. Ich überfuhr wieder drei rote Ampeln. Nahm einem Schwulen die Vorfahrt, der gerade den Zebrastreifen überqueren wollte. Dabei flogen ihm seine Windbeutel aus der Tüte, die er wahrscheinlich mit seinem Freund auf dem Sofa bei einer Tasse Tee vernaschen wollte. „Sorry, meine Katze steckt im Klo fest", brüllte ich aus dem Fenster. Im Rückspiegel sah ich, wie er seine Beutelchen wieder einsammelte.

Dusti, der olle Köter, zwei Straßen weiter wohnend, lag schon wieder mitten auf der Straße. Ich stellte mir vor, dass ihm wohl ein Paar vergiftete Windbeutel gut täten. Wieder musste ich ihm ausweichen. Mein Auto stellte ich wieder Mal mitten auf der Straße ab, denn was Dusti kann, kann ich schon lange. Ich rannte wie besessen in meine Wohnung. Frau Mertens stand an diesem Tag nicht vor ihrer Wohnungstür, stattdessen entdeckte ich vor ihrer Wohnungstür Herrenschuhe – mindestens von der Größe 44! (Sie wird doch wohl nicht? Ist bestimmt ihr Bruder, oder Handwerker!)

Ich riss die Wohnungstür auf. Ich stellte fest, dass die Gästetoilette verschlossen war. Ich riss die Toilettentür auf und sah, dass Bobby ganz friedlich auf seinem Deckchen lag. Er erschrak fürchterlich, als ich die Tür abrupt aufriss. „Ja, Bobby, hat dich diese fiese Lena doch nicht in der Toilette runtergespült", sagte ich zufrieden. Bobby schaute mich nur verwundert an, als ob er sagen würde: Mann, Alte, erziehe doch mal dein Kind richtig! Und da hatte er ja recht. Ich lief ins Wohnzimmer, sah das Telefon dort noch immer tutend liegen, dann weiter ins Kinderzimmer. „Oh, Mama, du bist ja schon da!", sagte Jemand mit der süßesten Stimme des Universums. „Ja, ich bin schon hier. Wenn du mir das nächste Mal wieder so einen Schrecken einjagst, dann versohle ich dir mal ordentlich den Hintern", sagte ich wütend. „Wieso? Was habe ich denn gemacht?", fragte mich Lena unschuldig, so als könne sie nicht bis Drei zählen.

„Ich habe dir doch am Telefon gesagt, dass du Bobby ins Gästeklo einsperren sollst, bis ich wiederkomme, damit er nicht herum springt und sein Knochen dabei kaputt geht", erklärte ich ihr. „Ja, und?", fragte sie mich mit großen Augen. „Ja, dann hörte ich im Hintergrund die Toilettenspülung. Ich hatte deshalb den Verdacht, dass du unseren Bobby die Toilette hinunterspülst". „Ach Mama, als würde ich so was machen. Ich habe Bobby doch lieb. Außerdem habe ich Hunger, was gibt es denn zu Mittag?", fragte sie. „Weiß ich noch nicht, ich muss mal schauen, was wir noch haben. Ich ruf dich, wenn das Essen fertig ist, O.K.?".

Ich fand in der Küche noch drei reife Tomaten, in der Schublade eine Packung Spaghetti. „*Gut*", dachte ich, „*daraus lässt sich bestimmt was machen*". Ich schnitt die Tomaten in kleine Würfel, tat sie mit einer kleingeschnittenen Zwiebel in die Pfanne, gleichzeitig kochte ich die Nudeln „al dente". Das Nudelwasser gab ich nach Gefühl, mit ein wenig Suppenpulver, zu den Tomaten. Ein bisschen Majoran und Thymian aus dem Mörser dazu. Die abgeschreckten Nudeln in die Pfanne, alles nochmal kurz aufkochen, bis sich die Nudeln mit der Soße vollsaugen. Knoblauch zum Schluss hinzugeben.

„*Manch andere in Deutschland essen um diese Zeit Kuchen. Wir nicht, ich habe noch nicht mal gefrühstückt*". Während die Nudeln die Soße aufsaugten, dachte ich daran, dass ich wohl die hysterischste Kuh bin, denn wie konnte ich nur ansatzweise glauben, dass Lena Bobby im Klo runterspülen würde? Dann musste ich lachen. Ich dachte an Herrn 495. Und: Ich muss mich morgen bei ihm entschuldigen. Dabei könnte ich mich über das, was ich ihm sagte, totlachen. Und das Beste: Der glaubt mir doch kein Wort mehr. Also ist es doch egal, was ich ihm sage. Hauptsache, ich amüsiere mich selber, auch wenn es nur in meiner Fantasie ist.

„Lena, die Nudeln sind fertig!". Bobby hüpfte auf den Stuhl neben mir. Er reckte seine Nase in die Höhe. Natürlich wollte er was von unseren Nudeln abhaben. Ich legte ihm eine Nudel auf dem Tisch, welche er mit seiner Zunge erst auf den Stuhl, dann auf dem Boden kickte. Ich besitze keine Tischdecken mehr, seitdem ich in der Wäscherei gearbeitet hatte. Deswegen war es mir auch egal, ob er vom Tisch direkt fraß, oder vom Teller. (Ob ich nun einen Tisch wische, oder einen Teller spüle, ist wohl das gleiche!)

Lena amüsierte sich darüber, wie der Kater so dumm sein kann, eine Nudel zu fressen. Dann sagte sie plötzlich: „Du Mama, hattest du denn nicht Gulasch für heute vorgekocht?". „Ach, du Schande", sagte ich, „ja, stimmt ja, du hast recht, es steht doch im Kühlschrank". „Dann gibt es halt morgen Mittag Gulasch", antwortete ich ihr. Ich ärgerte mich über meine eigene Alzheimer, die bei mir recht früh eintrat, weil ich wieder so viel im Kopf hatte.

Neben Hausaufgabenbetreuung, dem Abwasch, gleichzeitigem Spülmaschinenausräumen und dem Fensterputzen beobachtete ich Bobby, der anscheinend wieder Fieber hatte. Ich überwies die erste Tierarztrechnung über 750 Euro. Nebenbei wusch ich noch vier Ladungen dreckiger Wäsche, und hing diese zum Trocknen auf. Zwischendurch telefonierte ich mit meiner dummen Krankenkasse, weil die mir die Monatsraten weiter abbuchten. Die Dödeln hatten nicht bemerkt, dass ich wieder in einem Anstellungsverhältnis war.

Bobby kotzte die Nudel wieder aus, den Rest seines Mageninhaltes ebenfalls. Natürlich, wie soll es auch anders sein, direkt auf den Teppich. Dieser Teppich ließ sich bei 40 Grad waschen, dennoch war eine Restspur der Tomatensoße zu erkennen, aber man konnte Teppiche ja wenden. Ich jagte schon gegen fünf Uhr nachmittags Bobby eine Spritze in den Körper. Das Fieber wurde auch nach einer Stunde nicht besser.

Der Tierarzt war noch zu erreichen. Ich packte Bobby in sein Körbchen und fuhr kurz nach sieben Uhr in die Klinik. Lena wollte natürlich mit. Ich ließ sie auch ungern allein zu Hause. Wir saßen fast zwei Stunden im Wartezimmer. Dann durften wir endlich in den Behandlungsraum. Der Tierarzt gab Bobby zwei weitere Spritzen, für was auch immer. Er sagte, dass es ihm innerhalb einer halben Stunde besser gehen müsste. Dann sah ich, wie er die Behandlung in seinem Computer eintippte. Ich freute mich schon auf die nächste Rechnung.

„Wieso stürzen eigentlich Computer immer nur bei mir ab? Wieso denn nicht auch mal in einer Tierarztpraxis und zwar schon so fies, dass auf der Festplatte meine Rechnung verloren geht?", dachte ich. Ich war froh, kurz darauf wieder zu Hause zu sein, denn Lena war längst überfällig, um ins Bett zu gehen. Abendessen? Oh ja, da war doch was? Ich machte Lena schnell noch ein Nutellabrot, schickte sie anschließend ins Bett. Ich aß nichts, denn ich hatte ständig diesen Computer vor Augen – mit einer weiteren Rechnung.

Um zehn Uhr war ich fertig mit der Welt. Ich ging schlafen, konnte aber nicht einschlafen. Ich hatte das Gefühl, irgendetwas vergessen zu haben. Ohne zu wissen „was". Bobby plärrte in der Gästetoilette. Das ließ mich noch schwerer einschlafen. Ich befreite Bobby und nahm ihn mit in mein Bett. Dass hätte ich besser nicht tun sollen. Ich wusste nicht, was der Tierarzt ihm gegeben hatte, denn er benahm sich wie unter Drogen. Er hüpfte auf den Kleiderschrank. Dann wieder auf mein Bett. Ich hörte mal was von Samtpfoten bei Katzen. Jedoch war Bobby an diesem Abend eher ein Sandsack. Und immer wieder landete er genau auf meinem Bauch. Dann erfand er wohl eine imaginäre Maus unter meinem Bett, hackelte sich durch den Teppich hindurch bis hin zu meinen Socken, die auf dem Boden lagen. Da sollte man einschlafen können.

Ergo: Bobby flog im hohen Bogen aus meinem Schlafzimmer. Ich machte die Schlafzimmertür zu und dachte wieder daran, dass ich irgendetwas vergessen hatte. Dann hörte ich immer wieder das „Mau, Mau, Mau" vor meiner Tür. „Manno! Kannst du nicht mal die Klappe halten?". *„Und jetzt weiß ich auch,* *wie es ist, wenn Männer Viagra nehmen*", dachte ich. Kurz überlegte ich, ob ich Baldrian zu Hause hatte. Hatte ich aber nicht. Ich gab Bobby dann eine Dose Katzenfutter, in der Hoffnung, dass er bei vollem Ranzen schlafen würde. Aber, nix da! Das Gegenteil traf ein. Neue Energie lud sich im kleinen Körper des Herrn Bobby auf.

Ich setzte mich ins Wohnzimmer. Aus lauter Frust nicht schlafen zu können, machte ich mir eine Flasche Rotwein auf. Ich wusste zwar, dass Rotwein bei mir stopfte. Aber ich hatte gerade keinen Weißwein zur Hand. Und dafür extra in den Keller zu laufen, dafür war ich zu faul. Ich beobachte Bobby, als er wie eine gesenkte Sau unter dem Wohnzimmertisch Wollmäuse jagte. Das war nach dem ersten Glas Wein noch recht langweilig. Dann beobachtete ich ihn, bei meinem zweiten Glas Wein, wie er die Kissen auf der Couch herunterschmiss. Ich fand das bereits recht amüsant. Bei meinem dritten Glas Wein angekommen, beobachtete ich Bobby, wie er sich die Gardinen hinaufzog, grad wie Reinhold Messner. Da musste ich lachen. Als Bobby dann auf dem Wohnzimmerschrank herumstolzierte, graziös wie Heidi Klum, amüsierte ich mich noch mehr. Dann schenkte ich mir ein viertes Glas ein, als ob es keinen Morgen mehr gab. Er verlor auf dem Wohnzimmerschrank seine Bandagen, die er wie ein nasser Köter abschüttelte. Beim fünften Glas Wein war mir auch das egal, denn ich genoss meine eigene Party mit eigenem Kater. Gut, dass Lena immer so tief schlief.

Um drei Uhr früh schlief ich ein; mit dem gesamten Inhalt der Rotweinflasche in meinem Körper. Bobby schlief auf der Bettdecke auf meinen Füßen, die, wegen des Rotweins, eh schon glühten. Um drei Uhr zwanzig wurde mir schlagartig schlecht. Ich schaffte es gerade noch, den Rotwein zwischen meinen beiden Weisheitszähnen vorbei zu lassen. Dann legte ich mich wieder hin. Ich hatte ein Gefühl, als wäre ich im Freizeitpark Rust in der neuen „Blue Fire" Achterbahn unterwegs. Als ich zum dritten Looping ansetzte, fiel mir schlagartig ein, was ich vergessen hatte:

Die Telefonliste bei SFAM zu aktualisieren!

Oh Gott! Oh Gott! Die Telefonliste lag noch immer neben meinem Computer. In Gedanken sah ich mich, wie ich neben dem Papierstapel auf YouTube Clips anschaute, statt Daten einzugeben. Ich war schlagartig hellwach. „Wie kannst du eigentlich nur so blöd sein?", fragte ich mich selber, während Bobby neben mir seelenruhig und sorgenfrei schlief. Außerdem: „Wie kommst du aus dieser Nummer wieder raus, ohne dass dir in der Probezeit gekündigt wird?". Ich schleuderte nochmals die Galle zwischen meinen beiden Weisheitszähnen hindurch. Legte mich wieder hin. Konnte aber weiterhin nicht schlafen. Erst gegen 6.50 Uhr schlief ich ein. Und hatte einen Traum:

Ich schlief mit meiner Lena unter einer Brücke. Es war in Griechenland. Selten habe ich in Griechenland Brücken gesehen! Drei Bobby`s lagen verletzt mit uns dort, auch sie schliefen. Wir hatten nichts zu essen, nichts zu trinken. Lena war noch dünner geworden. Sie hatte ganz lange Haare, denn ich hatte noch nicht mal Geld für eine Schere. Im Hintergrund waren lallende, voll gefressene Engländer zu hören. Ich konnte ihren Sonnenbrand riechen. Ein schwarzer Hund kam *auf uns zu. Er hatte tatsächlich die Telefonliste in seiner Schnauze. Ich ging auf den Hund zu und ich zerrte an dem Stapel in seiner Schnauze. Der Hund knurrte mich an. Ich konnte sehen, dass auf dieser Liste Namen standen und zwar: Glück, Eigner, Eifler, Ruhdorfer und Engels. Neben diesen Namen waren fiese Gesichter zu erkennen...*

Der Wecker klingelte um Punkt sieben Uhr. Ich wünschte mir zum ersten Mal im Leben Hauptdarstellerin bei „ewig grüßt das Murmeltier" zu sein. Gleichzeitig machte ich mir Kaffee, während ich Bobby einen Löffel Nutella in die Schnauze schob, für Lena das Pausenbrot belegte, ihre Trinkflasche füllte, ihr ein Nutellabrot in den Toaster steckte, mich anzog und schminkte, Lenas Klamotten aus dem Schrank suchte, meine Zähne putzte und Kacker aus dem Katzenklo fischte.

Gleichzeitig überlegte ich, wie es wohl mit drei Kindern und einem Mann um diese Uhrzeit zugehen würde? Wie würde mein Tag wohl aussehen, wenn ich es mir leisten könnte, den ganzen Tag zu Hause zu bleiben? Wenn mein Mann die Kohle nach Hause brächte? („Was man für Gedanken in Stresssituationen hat?")

Ich stellte mir einen geregelten Familientag in etwa so vor:

Nein! So stellte ich mir definitiv mein Leben nicht vor. Ich war heil froh, dass ich wohl nie in den Genuss eines solchen Lebens kommen würde. Allein die Vorstellung zweier weiterer Entbindungen lies mein Leben wieder in einem neuen, strahlenden Licht erscheinen.

Ich traf pünktlich bei SFAM ein. Die Telefonlisten lagen unberührt auf meinem Arbeitsplatz. Am liebsten hätte ich diese Listen gleich verbrannt und schaute mich schon mal nach einem Holzofen um, aber Fehlanzeige.

Kurz überlegte ich, ob so ein Stapel zur Vernichtung in den Kaffeeautomaten passen würde. Dann hatte ich die wirre Vorstellung, dass es wohl besser sein würde, mal eben die Yukapalme zu „übergießen", und dann den Stapel daneben in die Pfütze fallen zu lassen. Half aber alles nichts, denn es würde sowieso auffallen, denn die Daten gelangen deswegen leider auch nicht in meinen Rechner.

Und Shit, ich musste mich ja noch entschuldigen. Bei 495. „Psst, Frau Ruhdorfer!". „Was denn?". „Sag mal, wenn unsere Frau Glückshafen uns einen Auftrag zuteilt, wann kontrolliert sie den denn?", wollte ich wissen. „Keine Ahnung, schon recht bald. Wieso?". „Weil ich gestern vergessen habe, die Telefonliste zu aktualisieren. Ich habe schiss, dass…". Weiter kam ich nicht, denn da kam auch schon Frau Glück in die Lobby.

Mir wurde heiß und kalt. Ich sah mich schon wieder beim nächsten Einstellungsgespräch sitzen. Hatte schon wieder diesen lästigen Harndrang. Schnell machte ich aus dem großen Stapel Telefonlisten zwei kleine. Ich tat dann so, als wäre ich bald fertig mit den Dateneingaben. Dabei war mein Rechner noch nicht mal hochgefahren. Frau Glück konnte das aber nicht sehen, denn sie stand vor den Tresen. Sie sagte: „Na, sie sind ja gleich fertig, dann können sie die die alte Liste wegschmeißen, denn die brauche ich nicht mehr". „Geht klar", grinste ich. Frau Ruhdorfer schaute mich von der Seite an. Dann blickte sie schnell weg, denn sie wollte nicht, dass ihr Blick mich verriet. Frau Glück dackelte davon. Ihre Stöckelschuhe hinterließen runde Löcher in dem Laminat.

„Pff, grade nochmal gut gegangen", sagte ich zu Ruhdorferchen. Sie nahm mir die Hälfte meines Stapels ab und hackte die Daten wie eine Wilde in ihren Rechner. „Du hast was gut bei mir", flüsterte ich. „Schon gut", sagte sie und konzentrierte sich weiter auf ihre Arbeit. Auch ich hackte wie eine Wilde auf meiner Tastatur herum. Mitbekommen habe ich in dieser Zeit gar nichts, außer, dass Herr Peterhansi aus dem Fahrstuhl huschte und schnell wie eine gesenkte Sau in seinen SL stieg. Er fuhr davon. Er hatte eine schwere Aktentasche bei sich.

Die Telefonliste war nach zwanzig Minuten eingehackt. Beide atmeten wir durch. Eigentlich war mein Soll für diesen Tag gedeckt. Ich war hundemüde, denn ich war längst raus aus dem Alter, wo man bis in der Früh Rotwein-Party macht. Ich war eigentlich auch nicht mehr in dem Alter, in dem man mit einem Kater Party macht. Und das Telefon stand nicht mehr still an diesem verflixten Vormittag. Die Kunden hatten Wünsche, die ich nur mit halb geöffneten Augen in mein halb geöffnetes Hirn bekam. (Vielleicht lag es aber auch an halbhirnigen Kunden?)

„Psst, Frau Ruhdorfer! Wie geht es deiner Liebe?", wollte ich wissen. „Der Dödel hat sich gestern nicht gemeldet", antwortete sie ein wenig verunsichert. „Der meldet sich schon", sprach ich ihr Trost zu. *„Ich kenne dieses Gefühl der Ablehnung nur zu gut. Wie viele meiner Ex-Bekanntschaften haben sich auf einmal nicht mehr bei mir gemeldet? Und? Warum eigentlich? Dies ist für mich bis heute noch immer ein unerklärliches Phänomen. Ich denke es liegt an der Feigheit der Männer, oder: Ich hatte mir immer nur etwas eingebildet, was überhaupt nicht vorhanden war"*, dachte ich. Als ich so über mein früheres Leben und die Männer nachdachte, fiel mir ein, dass ich mich ja noch bei 495 entschuldigen wollte.

Frau Engels meldete sich zu einem Botengang ab. *„Eigentlich macht sie es richtig. Sie holt sich was sie braucht, geht keinerlei Verpflichtung in einer „üblichen" Partnerschaft ein und genießt ihre Freiheit. Und dass alles während ihrer Arbeitszeit, bezahlt aber doch umsonst!".* Frau Büchelmeier, Frau Probst, Ruhdorferchen und ich schauten uns groß an.

„So, Frau Lindner, jetzt kenna mir endlich omoi in Ruhe dei Einstand feiern", sagte Frau Büchelmeier. Sie holte eine Flasche Prosecco aus dem Kühlschrank, welche sie schon lange dort verwahrt hatte. „I hob immer auf den richtigen Zeitpunkt gwart, denn mit der Bissgurken woilt i ned feiern", sagte sie. Ich musste lachen, freute mich wahnsinnig. Der Korken knallte laut. Wir tranken aus Pappbechern, denn die mussten nicht abgespült werden. Frau Probst bekam nach zwei

„Schlückchen" schon rote Flecken am Hals und Dekolletee. Frau Ruhdorfer war nichts anzumerken. Frau Büchelmeier bekam ihre bayrische Klappe nicht mehr zu. „Wissen`s, bei uns da herinna is des imma a bisserl bläd, wenn die Bissgurken da is, denn de is a falsche Sau", plauderte sie aus. Ich fing an zu Lachen und hörte ihr weiter gespannt zu. „Kenna sie des a, wenn oaner einem ollawei alles Schlechte zuweist?", fragte sie mich. „Klar kenne ich das. Das ist ungefähr so, als ob jemand immer schlechte Strahlen aussendet".

Pünktlich zwölf Uhr dreißig war die Flasche Prosecco leer. Ich hatte wieder den Alkoholpegel der letzten Nacht intus. Lallend bediente ich das Telefon. Plötzlich wurde alles lustig. Ich verarschte die Kunden am Telefon, ohne dass diese etwas bemerkten. Frau Büchelmeier benutzte öfter Begriffe wie: „Scheißdreck", „Depp" oder „Arsch". Worte, die laut und deutlich durch die Lobby hallten. Frau Probst wurde immer leiser, nur ihre Flecken am Hals wurden immer röter. Und ich? Ich bekam einen derartigen Hunger, dass ich am liebsten einen gebratenen Elefanten gegessen hätte.

Und dann musste ich auch noch den Duft vom Mittagstisch, der durch die Eingangshalle zog, ertragen. An diesem Tag keine Päckchensoße, eher was frisch gegrilltes. *„Doch Elefant?". „Wenn ich nicht gleich was zu essen bekomme, falle ich um. Und dabei musste ich noch die Mittagsschicht übernehmen. Wie halte ich das noch über eine Stunde aus?",* dachte ich. Ein Kundengespräch unterbrach meinen Gedanken. Ich konnte kaum noch was verstehen, denn Frau Büchelmeier war mittlerweile sehr laut. Ich hörte, wie sie „Drecksladen", am Telefon brüllte. „*Besoffene und Kinder sagen immer die Wahrheit*", dachte ich, aber das löste auch nicht mein Problem. Frau Engels kam um drei Minuten vor eins wieder vom Dienstgang zurück. Sie sah wieder wie durchgenudelt aus. Ihre Haare standen zu Berge, sie hatte vergessen ihre Bluse in den Rock zu stecken. Außerdem hatte sie eine fette Laufmasche auf der rechten Seite, die von ihrem Schritt bis runter zu ihrem Schuh ragte (Herr Eigner hatte wohl gerade eine Jungfrau zu Mittag!)

Frau Engels sah uns gut gelaunt dasitzen. Und was sie auf den Tod nicht ausstehen konnte, war, wenn andere Menschen gut gelaunt und glücklich sind. Dann sah sie die leere Proseccoflasche auf dem Boden stehen. „Ja herzlichen Dank, dass ich auch was abbekommen habe", sagte sie im Ton einer Dreijährigen, das sich von ihrer Mutter, wegen der älteren Schwester, vernachlässigt fühlte. Frau Büchelmeier konterte: „Ja hmei, dafür ham sie sich bumsen lassen, is des ned a bisserl besser gwesn?". Und sie lachte ordinär. Die Anderen lachten auch laut. Das ärgerte Frau Engels umso mehr. Sie packte ihre Tasche und ging in ihre „wohl verdiente" Mittagspause. Von hinten sah sie wieder aus, wie eine Bordsteinschwalbe mit sichtlicher Laufmasche und zerknitterter Bluse. Sie knickte in ihren Stöckelschuhen auch einmal um. Das fanden wir dann besonders lustig.

Herr Peterhansi kam kurze Zeit später, als ich alleine die Mittagsschicht absaß, in die Lobby. Er hatte es wieder sehr eilig. Zwei Anzugträger mit Aktenkoffer hatte er im Schlepptau. Herr Peterhansi sah nicht besonders glücklich aus. Im Gegenteil, seine Sorgenfalten waren von weitem zu erkennen.

Dann verging ich mich am Kühlschrank, denn ich hielt den Hunger nicht mehr aus. Dort lag eine Packung Salami drinnen, die seit dem Tod von Rudolf Mooshammer abgelaufen war. Des Weiteren erblickte ich einen Früchtejoghurt, der den gleichen Todestag wie Lady Diana hatte. (Der Deckel des Bechers war praller und runder als die beiden Brüste Dianas. Beneidenswert!)

Dann sah ich eine Dose Sardellen. Das erinnerte mich sofort an meine Zeit im Altenheim. Ich lutschte dann drei oder vier Portionen Zuckerstangen aus, die normalerweise den Kunden zum Kaffee serviert wurden. Das trieb meinem Zuckerpegel in die Höhe. Ich war wieder zufrieden, bis auf den Gedanken, dass ich es nicht schaffte, mich bei 495 zu entschuldigen. (Vielleicht wollte ich es auch nicht wirklich?)

Eine halbe Stunde später war ich zuhause und kam endlich zu meinem Gulasch von vorgestern. Lena fragte mich, was die Bedeutung von Weihnachten eigentlich sei, denn sie nahmen im Religionsunterricht die Geburt Jesu durch. „Ja, hmm, Mensch, Schnackchen, gähn, da wird die Geburt Jesu gefeiert und es soll nach ein paar tausend von Jahren immer noch daran erinnert werden, gähn, was für ein Mensch, gähn Jesus war, gähn, und er liebte uns alle, gähn!". Dann flog ich auf die Couch und bekam nichts mehr mit. Ich bemerkte nicht, dass das Telefon läutete. Ich bemerkte nicht, dass Frau Mertens klingelte – gerade noch mal Glück gehabt. Ich merkte auch nicht, dass Bobby auf das Sofa hüpfte und schon wieder

Fieber hatte. Drei Sekunden später war ich im Tief-schlaf. Ich hatte einen Traum, der ging so:

Herr Peterhansi hatte Besuch von zwei Wirtschafts-prüfern, die genau so aussahen, wie die beiden Her-ren, die ihm durch die Lobby folgten. Er war sichtlich in Bedrängnis. Es lagen dicke Verträge auf dem Tisch. Herr Peterhansi hatte einen Stift, bereit zur Unter-schrift, in der Hand. Er schwitzte dabei wie ein Eber mit Borsten. Er konnte den Stift kaum halten. Dann sah ich, wie die beiden Wirtschaftsprüfer dreckig lachten. Sie drängten ihn zur Unterschrift auf dem Vertragspapier. Das passte dem Herrn Peterhansi wohl überhaupt nicht. Seine beiden Söhne standen im Hintergrund. Auch sie wollten, dass Herr Peterhansi endlich unterschrieb. Herr Peterhansi schwitze noch mehr. Er wusste, dass, wenn er diesen Vertrag unter-zeichnen würde, das Ende seiner Firma gekommen sein würde.

Ich fuhr plötzlich aus meinem Traum hoch und schrie: „Nein, Peterhansi, nicht unterschreiben!". Bobby flog von der Couch. Lena rannte zu mir. Sie fragte, was denn los sei. Ich sagte nur, dass Peterhansi nicht un-terschreiben darf. „Mama, wenn du träumst, dass Pe-terhansi nicht unterschreiben darf, dann musst du es ihm sagen", forderte sie mich auf. Sie hatte ja Recht. Aber wie sollte ich dumme Angestellte ihm sagen, dass er nichts gegen seinen Willen unterschreiben sollte? Und ich war gerade mal zwei Wochen für ihn tätig. Außerdem hatte ich noch jede Menge Alkohol im Blut. Wie könnte er mir irgendwas glauben? Sollte ich ihm sagen, dass seine dumme Angestellte einen

Tagtraum hatte? Dass er sich meiner Prognose sicher sein kann?

Bobby hatte schon wieder Fieber. Wieder einmal jagte ich ihm die Spritze ins Gesäß und hoffte auf eine ruhigere Nacht als die letzte. Die leere Spritze warf ich im hohen Bogen in den Abfalleimer.

„Mama, Hmm, was ist eine Prognose?", wollte Lena wissen nachdem ich ihr alles von meinem Tagtraum erzählt hatte. „Das sind Dinge, die in der Zukunft passieren werden", antwortete ich ihr. „Ach so, das was du schon des Öfteren hattest", entgegnete sie mir. „Ich hatte?", fragte ich erstaunt nach. „Ja, hattest du!". „Nanu?", dachte ich. Ja, manchmal hatte ich so was schon mal, aber ich habe es immer ignoriert. Wenn es dann doch eintraf, erschrak ich vor mir selber. Manchmal konnte ich mich aber auch daran nicht mehr erinnern.

Bobbys Fieber ging zurück. Ich schaute in den leeren Kühlschrank. Gedanken darüber, was ich für den morgigen Tag essenstechnisch vorbereiten könnte, gingen mir durch den Kopf. Mein halbleerer Kühlschrank gähnte mich an. Mein Vorratsschrank gähnte mich noch schlimmer an. Deshalb beschloss ich, sofort einzukaufen. Lena kam mit. Bei Tengelmeier holte ich Grundnahrungsmittel, also Käse, Wein, Zigaretten und Chips. Bei Aldo weitere Nahrungsmittel, wie Tiefkühl-Hähnchen und die scharfe Herzchen-Salami, ein Brot und einen Kopfsalat, Gummibärchen für Lena. Schlagartig war ich 73,95 € los.

Mir war bewusst, dass ich für diesen Betrag drei volle Vormittage gearbeitet hatte. Nachdem ich zu Hause die Lebensmittel eingeräumt hatte, musste ich feststellen, dass mich mein Kühlschrank mit seiner Leere noch immer angähnte, mein fast völlig leerer Vorratsschrank lachte mich fast aus.

Abends wusch ich noch drei Ladungen Wäsche, dann ging mir das Waschmittel aus. Ob ich wohl als Waschmittelersatz mit der Käsereibe Kernseife reiben sollte, um die Maschine zu füllen? Beruhigend ist, dass wenigstens das Trocknen der Wäsche an der Luft noch nichts kostet.

„Vielleicht sollte ich den letzten Satz besser streichen? Es könnte ja sein, dass ein Politiker ihn liest und auf die Idee verfällt, für das Wäschetrocknen an der Luft auch noch Steuern zu verlangen. Das neue vom Haushaltsauschuss verabschiedete Gesetz könnte dann heißen:

Wäschelufttrocknungs-Einkommensteuermehreinnahmen-Verbesserungsgesetz!

Die neue Steuer wird mir dann postwendend vom Bruttogehalt abgezogen, ohne dass ich was dagegen unternehmen kann. Und die zusätzlich vereinnahmten Steuern werden zum Beispiel dafür verwendet, dass eine arme Politikerin in ihrem Spanien-Urlaub nicht auf ihren Dienstwagen verzichten muss. Das Gesetz gäbe auch dem Begriff „Haushaltsausschuss" wieder eine angemessene Bedeutung!

Kaum war ich am nächsten Tag bei SFAM angekommen, hieß es, ab zur „Mitarbeiterversammlung" – in die große Aula des Betriebs. Weit laufen zur Aula musste ich nicht. Punkt 8.30 Uhr war die ganze Firma in der Eingangshalle versammelt. Ich sah Gesichter, die ich bisher noch nie zuvor gesehen hatte. Leider standen in den Gesichtern der erschienenen Mitarbeiter keine Abteilungskürzel, damit ich zumindest eine ungefähre Zuordnung der Kolleginnen und Kollegen hätte vornehmen können.

Drei Minuten später erschien Herr Peterhansi in der Lobby. Er verkündete, dass dieser Konzern in der bisherigen Form nicht mehr wirtschaftlich tragbar sei, man schreibe rote Zahlen. Er hatte eine Rhetorik drauf, die nur bei Anzugmenschen vorkommt. Weiter stellte er fest, dass es in der Produktion wohl auf Kurzarbeit hinauslaufen würde. Und: Dass alle Mitarbeiter, die weniger als drei Monate für ihn tätig sind, leider zu entlassen sind. *„Bingo".* Desweiteren verkündete er, dass die Firma SFAM von den Wirtschaftsprüfern gründlich auf Nieren und Leber durchleuchtet wurde. (Fett- oder Alkoholleber?)

Als Ergebnis der Prüfung stand fest, dass ihm nichts anderes übrig blieb, als seine Firma an einen großen Konzern zu verkaufen. Denn seine Firma entsprach leider nicht mehr den heutigen technischen und wirtschaftlichen Standards. Seine beiden Söhne standen traurig neben ihm, sie sagten: Nichts. Weiterhin verkündete Herr Peterhansi, dass es ihm wahnsinnig leid täte. Er habe die Verträge mit dem großen Konzern bereits unterschrieben, er könne den Verkauf deshalb nicht mehr abwenden. Dann verabschiedete er sich, ging schnell in den Fahrstuhl und fuhr hinauf.

„Es fühlte sich so an, als ob sich Herr Peterhansi von dieser Welt verabschiedete. Der Fahrstuhl war sein Gang durch den langen Tunnel bis ins Licht. Der Tod für den Herrn Peterhansi, so zu sagen. Und sein Schöpfer? Was hätte er zu Peterhansi wohl gesagt? Hätte er gesagt: Nun! Das hast du jetzt davon, wenn du Frau Glück beglückst, dich aber vor dem Altar für deine Frau entschieden hast! Oder hätte er gesagt: Liebes Kind, komm, du hast alles richtig gemacht und für deine Triebe kannst du nichts, die habe ich auch!".

Es war also zu spät, zu spät Herrn Peterhansi zu warnen. Ihn nachträglich von meinem Tagtraum zu berichten, nützte nun nichts mehr. Er tat mir wahnsinnig leid. Dann setzte ich mich an meinen Arbeitsplatz und schaute einfach nur Ruhdorferchen traurig an. „Soll ich nun gleich gehen?", fragte ich sie. „Jetzt warte doch erst mal ab, vielleicht entlassen sie nur Leute in der Produktion", versuchte sie mich zu trösten. Dann läutete das Telefon. Unmotiviert ging ich dran. Dann dachte ich an Lena. *„Was würde sie wohl sagen, wenn ich schon wieder keine Arbeit mehr habe? Und: Ich will doch „ein" Vorbild sein. Aber wie kann ich „ein" Vorbild sein, wenn die da oben mich nicht lassen. Und alles von außen gesteuert ist, da kann ich wirklich nichts dafür".*

Dann dachte ich an die Jobsucherei. Nein: Jobrallye. Vormittags. Halbtags. Wo sich wieder einhundertfünfzig alleinerziehende Mütter und Hausfrauen dieser Welt auf ein Jobangebot bewarben. Und dann noch meine schlechte Qualifikation. (Ich glaube Urkundenfälschung ist die einzige Rettung, die ich noch habe. Werde dann Gymnasium anstelle Hauptschulabschluss eintragen. Und Studium von 1986- 1997 in BWL. Und mich dann als Bäckereiverkäuferin zu bewerben. Vielleicht erhöht dass meine Chancen!)

Dieser Vormittag war der bisher längste, den ich in den letzten zwei Wochen hatte, bei dieser dummen Firma SFAM. Mich bei 495 zu entschuldigen war mir nun genauso fern, wie ein neuer Job. Außerdem, wofür sollte ich mich eigentlich bei ihm entschuldigen? War doch eh alles für die Katz, wenn ich demnächst morgens früh wieder ausschlafen kann, nachdem ich Lena zur Schule gefahren hatte. Ich blickte laufend zum Fahrstuhl und hoffte, dass endlich Frau Glück zu mir kommen würde, um mich hinaus zu komplimentieren. Aber der Fahrstuhl war immer mit anderen Dödeln besetzt.

Endlich wurde es Mittag. Nun brauchte ich nicht mehr den Fahrstuhl zu beobachten, denn da machten die Oberen eh alle Mittag. Frustriert blätterte ich in einer Illustrierten, die neben dem Kaffeeautomaten lag. Ich überlegte, was ich tun könnte. Plötzlich stand Frau Glück hinter mir, sie beobachtete mich. (Ich hörte ihre Stöckelschuhe gar nicht!)

„Frau Lindner", schrie sie. Ich erschrak. Sie fuhr fort: „Also wenn sie schon hier faul die Zeitung lesen, dann kommen sie mal gleich mit in mein Büro". „Aber ich muss doch die Telefonanlage...", stotterte ich. „Egal, sie kommen jetzt mit und zwar sofort".

Wir fuhren mit dem Fahrstuhl in den fünften Stock, betraten stillschweigend das Büro, in dem ich erst vor zwei Wochen meine Unterschrift auf meinem Angestellten-Vertrag leistete. Ich erinnerte mich kurz daran, wie glücklich ich seinerzeit darüber war.

„Frau Lindner, also so geht es nicht. Sie können doch nicht Zeitung lesen, während nebenan das Telefon läutet!", schrie sie fort. „Es läutete aber nicht. Und wenn es geläutet hätte, wäre ich doch dran gegangen. Ganz sicher", versuchte ich ihr zu erklären. In diesem Moment kam Herr Peterhansi ins Büro. Er schaute Frau Glück glückselig an und war gar nicht erfreut, dass Frau Glück nicht alleine war. „Gibt es ein Problem?", fragte er. „Ja, die Frau Lindner liest Zeitung während ihrer Arbeitszeit", erklärte sie ihm (Man konnte direkt erkennen, wie sein Hormonspiegel in den Keller ging!)

„Sie sind doch noch in der Probezeit?", fragte er mit grimmiger Miene. „Ja, bin ich. Ich habe doch erst vor zwei Wochen bei ihnen angefangen", erklärte ich ihm. „In welcher Abteilung arbeiten sie nochmal?", fragte er weiter. „Ich bin am Empfang, die in der Mitte der Damen", erklärte ich ihm und dachte: *„Sag mal, Astrid, wo bist du denn eigentlich hier gelandet? Der Chef weiß noch nicht mal, dass er eine neue Mitarbeiterin am Empfang hat. Und: Ich will weg. Ich will weg aus dieser Welt der kleinkarierten Denker mit Hormonen für Sekretärinnen in Stöckelschuhen und kurzem Rock. Einer Welt die null Verständnis dafür hat, dass es mir vielleicht schlecht gehen könnte, dass ich auch existieren muss, aber ich glaube, so weit können die gar nicht denken".*

Herr Peterhansi sagte: „Also gut, wenn sie in der Probezeit sind, dann brauchen sie morgen nicht mehr zu kommen. Die zwei Wochen zahle ich ihnen natürlich". Dann verließ er ohne weitere Worte das Büro. Er sagte nicht einmal „Auf Wiedersehen!". (Diese Form des Verabschiedens ist wohl bei SFAM nicht so angebracht!)

Frau Glück nickte zustimmend. Sie schaute mich unterkühlt an. Ich fuhr den Fahrstuhl hinunter in die Empfangshalle. Ich war der Ohnmacht nahe. Ohnmacht mir selber gegenüber, Ohnmacht gegenüber dem Rest der Welt. Und ich hatte nichts in der Hand, um mich zu wehren.

Ich setzte mich an meinen Arbeitsplatz. Ein Anruf kam rein. Es war ein Kunde, der auf eine Geldüberweisung wartete. Ich sagte ihm, dass er zusehen sollte, dass er an sein Geld kommt, weil niemand wüsste, wie lange es diese Firma noch geben würde. Ich fing am Telefon an zu heulen. Der Kunde beruhigte mich, sagte, dass er von dieser Firma bisher immer sein Geld bekommen hätte. „*Wenn der sich dieses Mal nicht irrt!*". Ich verband ihn, legte auf. (Nicht, dass er noch so viel Mitleid mit mir hatte und mich einstellen würde. Er hörte sich eher nach Anzugträger an!)

Dies war mein letztes Telefonat in der Firma SFAM. Die Damen kamen aus der Mittagspause. Ich ging ganz normal nach Hause, so als würde ich am nächsten Tag wieder zur Arbeit kommen.

„Mama?". „Hmm?". „Und wieso arbeitest du nicht mehr bei dieser Firma mit den Dächern für Autos?". „Weil eine große Firma die kleine Firma SFAM aufgekauft hat". „Und wieso haben die dich dann nicht mit gekauft?". „Weil ich mich nicht habe kaufen lassen", antwortete ich Lena, fast traumatisiert. „Das ist gut Mama, weißt du, Sarah wollte mir auch mal ein Kaugummi verkaufen. Sie meinte damit, dass ich dann ihre beste Freundin werde. Aber ich hatte einfach keine Lust auf ein Kaugummi. Freundinnen wurden wir erst später, ohne Kaugummi". „Das ist ungefähr so ähnlich, wie es mir geht", sagte ich ihr. Dann lachte ich an diesem Tag zum ersten Mal. Ich nahm meine Lena in den Arm und war der glücklichste Mensch auf dieser Welt.

Bobby hatte wieder Fieber. Ich hatte keine Spritze mehr. Also fuhren wir abends wieder zum Tierarzt. Immer noch leicht traumatisiert saßen wir im Wartezimmer. Ich konnte von dort aus die Tierarzthelferin beobachteten, wie sie am Telefon Termine machte. Da dachte ich mir: Was für ein blöder Job. Ich nahm die Spritzen mit. Für den nächsten Morgen vereinbarte ich einen Termin, um Bobbys Fäden ziehen zu lassen.

Gut, dass ich immer genügend Grundnahrungsmittel zu Hause hatte. Ich trank am Abend eine ganze Flasche Wein, damit konnte ich gut schlafen. Um drei Uhr morgens wachte ich auf. Mir wurde schlagartig klar, dass es nicht daran gelegen hatte, dass ich während der Arbeitszeit Zeitung las. Nein, vielmehr war mein „Fehlverhalten" ein gefundenes Fressen dafür, mich schnellstmöglich los zu werden. Damit die Firma ja keine Abfindung zahlen muss. Aber egal, man hätte mich ohnehin rausgeschmissen.

Am nächsten Morgen fuhr ich Lena zur Schule. Dann legte ich mich wieder deprimiert ins Bett. Um zehn Uhr stand ich auf. Mein Kreislauf spielte verrückt. Bobby bekam um elf Uhr seine Fäden gezogen. Ich kochte eine Stunde lang zwei Schnitzel. Nebenbei schaute ich fern und überlegte, ob es nicht Antidepressiva für Arbeitslose auf Rezept gibt. Ein Gefühl der Ohnmacht verfolgte mich auf Schritt und Tritt. Ich konnte ihm beim besten Willen nicht entfliehen.

Gemütlich um ein Uhr holte ich Lena von der Schule ab. Sie freute sich auf mich wie die Schnitzel, die ich in der Pfanne gebraten hatte. Im Briefkasten fand ich die lokale Zeitung. Nachdem wir unsere Schnitzel vertilgt hatten, las ich darin, dass sie eine Verkäuferin in einer Buchhandlung suchten, für circa 20-25 Stunden in der Woche. Die Buchhandlung lag direkt am Bahnhof einer kleineren Stadt, in rund 15 Minuten mit dem Auto zu erreichen, mit der Bahn in 10 Minuten. Mein Ohnmachtsgefühl verflüchtigte sich etwas, es war wieder ein kleiner Lichtblick am Himmel zu erkennen.

Abends schrieb ich mal wieder eine Bewerbung. Beziehungsweise, ich ließ den üblichen Mist aus meinem Computer, änderte lediglich die Adresse und das Datum. Ich ließ auch die zwei Wochen bei SFAM weg, denn wenn ich auch noch die angegeben hätte, wäre mein Lebenslauf so lang geworden, wie eine Rolle Toilettenpapier. Ich recherchierte im Internet, um weiteres über diesen Buchladen zu erfahren. Positiv fand ich, dass es diesen Laden schon seit 1969 gab. Damit war eine bald mögliche Schließung eher unwahrscheinlich. Ich schaute mir die Öffnungszeiten an. Dann betete ich, dass die nur auf mich gewartet hätten. (Und das ununterbrochen seit 1969!)

Am nächsten Morgen, nachdem ich Lena zur Schule gebracht hatte, beschloss ich, den Buchladen gleich persönlich und wahrhaftig aufzusuchen. Damit die mich sofort einstellen können, oder zumindest für den nächsten Tag. Direkt vor der Buchhandlung parkte ich. Ich freute mich, denn es schien hier einiges am Bahnhof los zu sein. Kurz schaute ich mir die Auslagen im Schaufenster an. Ich freute mich auf einen neuen Job, ohne ständiges Telefonieren. Dann betrat ich den Laden. Mehr Zeitschriften als Bücher waren zu sehen. Und: An der Kasse standen bereits Personen. „Zwei!". „Zwei?". Die Eine lernte die Andere gerade an! Bingo!

Ich hörte, wie die Eine der Anderen die Kasse erklärte. Bingo! *„Wie geht das?"*, fragte ich mich, die Anzeige war doch erst gestern im Regionalblatt erschienen. Ich ging mit meiner Bewerbungsmappe auf die Damen zu und fragte: „Sie werden gerade angelernt?". „Ja!", sagte diese freudig. Dabei schaute sie mich mit großen Augen an. „Na, dann erübrigt sich mein Anliegen, denn ich wollte mich für diese Stelle bewerben", sagte ich. „Ach, das tut mir aber leid", sagte die eine Dame, die die Andere gerade einwies. Ich glaubte ihr das sogar. Sie war mir sogar sympathisch. Das alles stank mir fürchterlich, denn ich hätte viel besser in diesen Laden gepasst. Wir hätten bestimmt eine Menge Spaß miteinander gehabt. „Gut, dann hat sich das ja wohl erledigt", verließ ich frustriert den Laden.

Ich knallte meine Bewerbungsmappe auf den Beifahrersitz. Auf dem Rückweg besuchte ich ein großes Bekleidungsgeschäft, schaute mir alle möglichen Klamotten an. Rund zwei Stunden lang, weil ich nichts Besseres zu tun hatte. Ich traute mich nicht, etwas zu kaufen. Dann dachte ich an den Lohn, den ich für einen halben Monat bekommen würde. Zudem war ich der Meinung, dass ich zu Hause bessere Klamotten in meinem Kleiderschrank hätte, als sie in diesem Laden verkauften. Ich fuhr auf dem Nachhauseweg beim amerikanischen Schnellimbiss-Restaurant vorbei, um mir einen Fishmac zu kaufen. Ich stand kurz in der Warteschlange. Dabei beobachtete ich die Menschen, die hier arbeiteten. Irgendwie schienen die hier alle glücklich zu sein. Sie strahlten geradezu! Und ich mache mich in solchen Läden immer darüber lustig, wenn ich den Mitarbeiter des Monats an der Wand sehe, eingerahmt in Gold. Diese „goldenen" Mitarbeiter hatten immer ein Lächeln wie Mutter Theresa auf den Lippen, nur meist in männlicher Form. (Ob das an der ausgewogenen Mac-Ernährung lag?)

Dann hörte ich, wie ein Pärchen hinter mir zu Streiten begann. Ich drehte mich um, sah, dass es zwei Männer waren. Bestimmt schwul. Mit meinem Fishmac zwischen den Backen und einer Cola in der Hand, versuchte ich in meinem Renault Twingo nach Hause zu fahren. Bei der ersten Kurve flutschte mir natürlich, wie sollte es auch anders sein, die Soße auf den Schoss. Und noch nicht Ungemach genug, die Cola verselbständigte sich über meiner Jeans bis in die Unterhose, und auf den Sitz. Ich fluchte wie ein Rohrspatz, fuhr beim nächsten Parkplatz rechts raus. Ich schaute mir die Sauerei genau an. Plötzlich musste ich über mein Leben heulen. Ich heulte mir die Seele aus dem Leib, schmiss den Fishmac aus dem Fenster. Der Cola-Becher war leer. Zum Glück packten die freundlichen Mitarbeiter der Fastfoodkette immer genügend Papierservietten in die Tüte. Da konnte ich meinen Gefühlen freien Lauf lassen. Ich rotzte den ganzen Stapel Servietten durch.

Nach einer viertel Stunde war ich fertig mit heulen. Ich sah, wie die Sonne durch eine Wolke trat und mich bestrahlte. So als wollte der liebe Gott mir ein Zeichen geben. Dann beobachtete ich zwei Raben, die sich mit meinem Fishmac den Ranzen vollschlugen.

Da konnte ich wieder lachen. Zu lustig sahen die beiden aus, denn sie stritten sich um ein Stück Semmel, dass ungefähr so groß war wie eine Euromünze. Die beiden Raben kamen gar nicht auf die Idee, sich den ganzen Fishmac zu teilen. Nein, es musste das besondere, das münzgroße Stück sein. „*Was wollte der da oben mir wohl damit sagen? Wollte er mir sagen, dass ich mit dem bisschen, was ich habe, zufrieden sein soll, wie die beiden Raben? Oder wollte er mir zeigen, dass in meinem Berufsleben noch der Hauptgewinn in Form eines Fishmac`s wartet?. Dass ich mich nicht so doof anstellen soll, wie diese beiden Raben?*".

Plötzlich erinnerte ich mich an die beiden Schwulen hinter mir an der Kasse im Fastfood-Restaurant. Da ich die beiden Raben immer noch beobachtete, zog ich Parallelen.

150

Mittags machte ich Fischstäbchen und Spinat. „Mama, hmm, also, wenn wir Weihnachten zusammen feiern, dann will ich keinen Spinat", meinte Lena. „Oh, also, wir feiern Weihnachten zusammen, egal was kommt. Wir werden dann wie jedes Jahr ein Fondue machen, keine Angst. Und bis Weihnachten sind es noch drei Monate hin", erklärte ich Lena, die schon jetzt Angst hatte, an Weihnachten zu verhungern.

„Mama, Hmm, also, wenn Gott es so gewollt hat, dass du keine Arbeit mehr hast, dann wird er wohl einen guten Grund dafür haben. Wahrscheinlich meint er, dass du dich jetzt noch mehr um mich kümmern solltest". „Aber Kümmern heißt auch, dass ich dir Essen geben muss, dir ordentliche Klamotten kaufen muss", antwortete ich Lena. „Ich weiß schon Schnackl, du willst mich trösten, das ist echt lieb! Irgendwie wird es auch schon funktionieren, dass ich eine neue Arbeit bekomme. Vermutlich wird es dann auch eine interessantere Arbeit sein".

Und weil mein Schnackl mich so tröstend aufmunterte, lud ich sie auf ein Schokoladeneis in der Eisdiele ein. Ich erlaubte mir einen Sojadrink. Wir hockten gemütlich in der voll besetzten Eisdiele und unterhielten uns über die Dinge, die Lena in der Schule erlebt hatte. Dann blickte ich mich um und sah zwei Tische weiter ein bekanntes Gesicht. Ihm gegenüber saß eine blonde Frau. Das Gesicht war: 495. *„Wieso arbeitet der denn nicht?"*, war mein erster Gedanke. Und: *„Wieso mit einer blonden Frau? Hatte er nicht erst vor-vorgestern mit mir? Am Telefon? Männer!"*. Dann erblickte er mich. Er machte aber keinerlei Geste. „Mama?, hmm?". „Hörst du mir eigentlich zu?". „Na-

türlich Schnackl, was sagtest du gerade?". „Mama?".
495 bezahlte die Rechnung, er bezahlte „zusammen".
„Also doch was Ernstes!".

Zu Hause bügelte ich noch eine Ladung Wäsche, während Lena sich das Kinder-TV reinzog. Bobby hatte kein Fieber mehr. Es schien ihm zum ersten Mal seit langem wieder gut zu gehen. Aber raus durfte er noch lange nicht. Er wollte zwar, aber die Gefahr, dass der Knochen wieder brechen könnte, war zu groß. Stattdessen saß er stundenlang vor der geschlossenen Terrassentür und plärrte. So laut, dass es uns auf die Nerven ging. Abends, als Lena schon schlief, suchte ich nach Stellenanzeigen im Internet. Ich las in der Rubrik für Teilzeit:

- Stationsleitung in Teilzeit, Entfernung 29 km, Schicht. „*Vergiss es!*".

- Friseurin in Teilzeit. „*Nicht gelernt!*".

- Servicekraft. „*Abends und mit Lena nicht vereinbar!*".

- Dreherin auf 400 €. „*Lach!*".

- Verkäuferin für Wursttheke, Teilzeit nachmittags. „*Vergiss es!*".

- Physiotherapeutin. „*Nicht gelernt!*".

- Regelservicekraft, Entfernung 35 km. „*Da verfahre ich mehr Benzin als ich verdienen kann, vergiss es!*".

- Mitarbeiterin für soziale Betreuung gesucht. Entfernung 40 km. *„Das habe ich zu Hause schon!"*.

- Teppichrestauratorin. *„Ich nix türkisch gelernt!"*.

- Diätassistentin. *„Die bräuchte ich selber!"*.

- Fachkrankenschwester im Operationsdienst, 15 km. *„Kann kein Blut sehen!"*.

- Sozialpädagogin. *„Bin ich ja schon für Lena und Bobby!"*.

- Nachhilfelehrer auf Stundenbasis. *„Bin ich auch schon für Lena!"*.

- Bäckereifachverkäuferin, Teilzeit, nachmittags, Entfernung 26 km. *„Ohne Worte!"*.

- Nachtreinigung. *„Alles klar?"*.

- Grundschullehrkraft. *„Nicht studiert!"*.

- Logopädin. *„Die spucken selber immer so unappetitlich!"*.

Dann suchte ich weiter: Zahnmedizinische Verwaltungsassistentin. *„Oh!"*. Ich las weiter: Zu ihren Aufgaben gehören: Abrechnungen, eventuell Assistenz.

Berufsbild: *Da stand nichts!*

Berufliche Qualifikation: *Da stand auch nichts!*

Voraussetzungen: Grundkenntnisse in Büro- und Verwaltungsarbeiten, Büroorganisation. *„Habe ich doch irgendwie"*.

Persönliche Fähigkeiten: Zuverlässigkeit. *„Wenn ich will!"*.

Schulabschluss: Nicht relevant. *„Noch nicht mal das ist Voraussetzung!"*.

Branche: Zahnarztpraxen.

Arbeitsort: 17 km entfernt. *„Geht noch"*.

Verdienst: Nach Vereinbarung. *„Muss ich mir noch überlegen!"*.

Beginn: Sofort. *„Passt doch!"*.

Befristet: Unbefristet. *„Jeahh!"*.

Bewerbungsart: Schriftlich, telefonisch. *„Bekomme ich gerade noch hin!"*.

Bewerbungsunterlagen: Lebenslauf, Zeugnisse. *„Macht mein Drucker"*.

Arbeitgeber: Dr. Katrin Heidrich-Öttl, Zahnarztpraxis. *„Die Frau Doktor besaß einen Doppelnamen. Hat wahrscheinlich, ähnlich wie ich, auch ihr Schicksal hinter sich. Nur habe ich den schöneren Namen ergattert!"*.

„Na, das hört sich ja mal richtig gut an!", dachte ich. Dann ließ ich Kopien von Lebenslauf und Zeugnissen aus dem Computer. Voller Hoffnung ging ich ins Bett. In meinen Gedanken aktivierte ich meine Engel, damit sie mich bei der Jobsuche unterstützen. Aber einschlafen konnte ich nicht. Ich hatte ständig das Bild vor meinem Auge, wie Herr 495 mit seiner Blondine in der Eisdiele saß. *„Wie können Männer nur so sein?"*, fragte ich mich. Aber ich wunderte mich nicht mehr,

denn er hielt mich wohl ohnehin für die größte Zicke der Welt. Und das war irgendwie berechtigt.

Am nächsten Tag fuhr ich Lena wieder zur Schule. Ich sah ihr förmlich an, wie sie sich freute, dass sie heute nicht alleine nach Hause laufen musste. Sie freute sich schon wie eine Schneekönigin auf unser gemeinsames Mittagessen um Punkt ein Uhr. Ich fuhr danach in diese Zahnarztpraxis, um meine Bewerbungsunterlagen abzugeben. 17 Kilometer entfernt, aber mit einer guten CD im Autoradio erträglich. Ich hoffte die Zahnärztin persönlich anzutreffen und einen guten persönlichen Eindruck zu hinterlassen. Die Gegend kannte ich so einigermaßen. Neben einer Apotheke und einem Netto-Einkaufsladen befand sich die Praxis im ersten Stockwerk. Ich betrat die Praxis. Zwei dicke Damen standen im Eingangsbereich. Die eine putzte die Fenster, beide waren nicht im typischen „zahnarztweiß" gekleidet.

„Hallo, mein Name ist Lindner, ich habe gelesen, dass sie eine Verwaltungsassistentin suchen. Ich wollte meine Bewerbungsunterlagen ihrer Chefin vorbeibringen. Kann ich die Chefin mal sprechen?", sagte ich. „Ja, ähmm, die ist gerade im Urlaub. Sie kommt erst nächste Woche am Mittwoch wieder", erklärte mir die eine. „Sie können aber gerne ihre Unterlagen hier lassen. Rufen sie hier am besten am Mittwochnachmittag so ab drei Uhr an", fügte sie hinzu.

„Ja gut, mach ich". Und ich grinste freundlich, denn die zwei könnten ja meine neuen Arbeitskolleginnen werden. Ich verließ die Praxis und war enttäuscht darüber, dass man mich nicht gleich angestellt und angelernt hatte. Postwendend und sofort, mit unkündbarer Sicherheit und einem überdurchschnittlichen Gehalt.

Bei der Heimfahrt begann die CD in meinem Renault Twingo zu leiern. Ich überlegte mir ein Mittagessen. Dachte an Schweinebraten, den ich vor der Einstellung bei SFAM gekocht und eingefroren hatte. Auf den hatte ich keine Lust, denn ich hatte die Befürchtung, dass ich wieder heulen musste, wenn ich den aß.

Noch mehr frustriert, wie ein Nichtsnutz, ging ich in einen Laden, der mit „A" beginnt und mit „di" endet. Ich beobachtete dort die Mitarbeiter, versuchte die Stimmung untereinander zu fühlen. Sie trugen Handschuhe um die Tiefkühltruhe voll zu stopfen. Palettenweise schoben sie neue „Kost", in den Verkaufsraum. Wie Ameisen wuselten die Mitarbeiter hier herum. Ich hatte das Gefühl, dass es sich um funktionstüchtige Mitarbeiter handelte, die ihr Gehirn und Gefühl zu Hause gelassen hatten. Ich überlegte kurz, ob ich eine dieser Ameisen fragen sollte, wie sie das hinkriegen, aber ich traute mich nicht. Denn die Irrenanstalt war mir in diesem Moment schon näher, als mein logischer Verstand.

Ich kaufte ein Päckchen Nudeln und eine Tube Tomatenmark. Wasser gab es zu Hause ja aus dem Wasserhahn preisgünstig. Und etwas Würze hatte ich ja auch noch zuhause, die hatte ich mal von Alfons Schuhbeck geschenkt bekommen, als ich 29 war.

Ich verließ den Laden, die Nudeln und die Tube Tomatenmark auf meinem Arm. Ich dachte über das Leben der A...di-Ameisen nach. Was ist das für ein Leben? Sie kommen früh morgens, füllen Regale und

Tiefkühltruhen. Danach sitzen sie an der Kasse. Oder sie schieben palettenweise neue Ware in den Verkaufsraum. Dann kommen sie heim. Gucken im Fernsehen Günther Jauchs „Wer wird Millionär!". Schlafen vor Erschöpfung dabei ein. Versäumen all die späteren Sendungen. Am nächsten Tag dann wieder das gleiche Spiel. Selber einkaufen ist nicht mehr drin, nein, das muss dann der Mann machen. Der beschwert sich dann groß und breit darüber, dass die Lebensgefährtin noch nicht mal in der Lage sei, dass... und, wenn er schon sieben Stunden Verantwortung hinter sich hat, er doch zumindest Anspruch auf einen gefüllten Kühlschrank haben sollte. Er bemängelt, dass die Kochtöpfe so wenig Inhalt haben, wie sein Sexualleben. (Manch andere Männer suchen sich dann halt einfach andere Kochtöpfe, oder deren Inhalt!)

Und da war wieder das Gefühl: Ich war froh, nicht der Inhalt fremder Kochtöpfe zu sein. Ich konnte meinen eigenen Eintopf kochen. Und wenn ich Lust auf Bohnen hatte, dann hatte ich eben Lust auf Bohnen. Sogar die Resultate unter meiner Bettdecke am Morgen danach trug ich ganz für mich alleine. Bobby manchmal nicht.

Mittags kochte ich die Spaghetti mit Tomatenmarkwasser und Gewürzen von Schuhbeck. Ich ließ mir Zeit, denn davon hatte ich ja nun genügend. Dieses Gericht dauerte eine Stunde. Ich war stolze auf mich, ein Gericht auf den Tisch zu bringen, dass für zwei Personen nicht mal einen Euro kostete.

„Mama, Hmm, mir passen meine Jeans nicht mehr, die ich letzten Winter neu bekommen habe", erklärte mir Lena nach dem Mittagessen. Da es jahreszeitlich bereits richtig kalt wurde, durchsuchten wir ihren Kleiderschrank nach passenden und nicht mehr passenden Klamotten für die Wintersaison. „Aber die Jeans habe ich doch erst letzten Winter gekauft?", motzte ich. Dabei dachte ich an mein mageres Girokonto, welches nahezu schon auf null stand.

„Ich bekomme sie aber nicht mehr zu", stellte Lena fest, die die Jeans wie eine Verrückte nach oben schob und dabei fast hinflog. „Lass es gut sein Schnackl. Und was ist mit dieser Jeans und diesem Pulli?", wollte ich wissen. Ich bedeutete ihr, dass sie diese Sachen mal anprobieren sollte. „Passt auch nicht mehr, siehst du, die Jeans bekomme ich zwar zu, sie ist aber zu kurz. Und den Pulli, den kriege ich gar nicht über meinen Kopf". Sie schmiss ihn in die Ecke, wo schon die anderen beiden Jeans lagen.

„Mama, weißt du, die Anna aus meiner Klasse hat immer so coole Klamotten an, die hätte ich auch gerne". Fünf Minuten später saßen wir im Auto und fuhren in die nahe gelegene Kleinstadt. Wir besuchten das Modekaufhaus H & M. Eine Stunde später war ich 245 € los. Eineinhalb Stunden später saß ich bei McDonalds und aß meinen Fishmac. Hatte keine schwarzen Raben auf Besuch.

Drei Stunden später wieder zu Hause. Lena stellte immer noch fest, dass Anna coolere Klamotten hätte als sie. Vier Stunden später, als ich mich etwas beruhigt hatte, sagte ich zu Lena, dass es im Leben nicht auf die Klamotten ankäme. Wie jemand vom Charakter her sei, ist viel wichtiger. Sie sollte zufrieden sein, mit dem, was sie hat. „Ja stimmt schon, Mama und danke!", sie drückte mich. Dann war wieder alles gut.

Am nächsten Tag lief ich zur Bank. Ich schaute, ob die dumme Firma SFAM mir schon meinen halben Monat Gehalt überwiesen hatte, aber es war nicht so. Ich überlegte: *„Also, wenn die dummen Säue mir nichts überweisen würden, dann ruf ich mal in drei Tagen bei der Glückseligen an und mache ihr Dampf unter ihren sexy Arsch, der wahrscheinlich noch heiß gehobelt war von Herrn Peterhansi. Außerdem könnte ich der dummen Kuh mit meinem Rechtsanwalt drohen, denn zumindest habe ich ja eine Rechtsschutzversicherung, die ich ja noch nie in Anspruch genommen habe. Und wenn mir die Glückselige blöd kommt, dann werde ich den Herrn Peterhansi mal ordentlich meine Meinung blasen, damit er mal einen Unterschied zur Glückseligen kennenlernt".*

Mittags kochte ich drei Stunden lang Pfannkuchen, denn auch die liegen preislich unter einem Euro. Während ich den Teig anrührte, kam mir ein weiterer grandioser Gedanke: Nämlich dass, wenn sie mir nichts überweisen würden, ich: *„Herrn Peterhansis Frau anrufen werde, um ihr von seinen glückseligen Büroaktivitäten zu berichten. Jeahh!".* Selten wurde mein Pfannkuchenteig so geschmeidig. *„Die Nummer von Herrn Peterhansis Frau? Na da hilft mir Ruhdorferchen bestimmt. Oh, Ruhdorferchen, du fehlst mir!".*

„Mama, Hmmmmmm, ich fand mich heute viel cooler in meinen neuen Klamotten als die Anna!". „Und wieso?". „Weil ich weiß, dass ich besser vom Charakter bin in meinen neuen Klamotten!". Dann ging sie eine halbe Stunde lang spielen. Ich räumte still die Küche auf. Bobby brauchte keine Spritzen mehr. Es schien mir, als ob er wieder der Alte war. Nur nervte er mich stundenlang, weil er raus wollte. Ich konnte sein Miauen nicht mehr ertragen. Außerdem nervte mich der Katzenpisse-Gestank in meiner Gästetoilette, der sich gleichmäßig in unserer Wohnung verteilte. Und ich musste aufpassen, wenn ich auf die Terrasse ging, dass er mir nicht abhaute. Außerdem nervte er mich mächtig, wenn ich auf der Terrasse war, denn ich konnte keinen Handgriff tätigen, ohne die Terassentüre zuzuhalten.

Ich bohrte auf der Terrasse einen Schnappriegel zwischen Tür und Rahmen. Endlich konnte ich in Ruhe die Pflanzen und Töpfe sortieren, die ich für den Winter vorbereitete. Bobby stand am Fenster, plärrte und plärrte. Ich sah mich kurz um, ob ein Nachbar mich beobachtete, dann zeigte ich Bobby den Stinkefinger. *„Wie herrlich ist es, die Katzensprache zu kennen, nur dieser Kerl die Menschensprache nicht".* Abends schlief ich frustriert vor dem Fernseher ein, während Lena ihre Kinderserie schaute.

Am nächsten Tag fuhr ich Lena zur Schule. Weil das so anstrengend war, legte ich mich gleich noch mal ins Bett, schlief bis zehn Uhr. Ich trank einen Kaffee, ging auf die Bank, um zu schauen, ob mein halbes Monatsgehalt überwiesen war. War es aber nicht. Zu Hause griff ich zum Telefon. Rief bei SFAM an. Meldete mich mit Zitzelsberger, denn die dumme Nuss Engels war an der Leitung. *„Wenn ich die höre, wird mir schlecht!".* Ich bat sie, mich mit der Glückseligen zu verbinden. Ich sagte natürlich Frau Glück.

„Tut, tut, tut, sie werden gleich verbunden", sagte eine Blechstimme, die sich so anhörte, wie aus der Geisterbahn des Münchner Oktoberfestes, nur verschaffte sie mir nicht den gleichen Kick. „Glück" meldete sie sich. Dann bekam ich doch weiche Knie und Herzrasen, aber nicht wegen der Stimme aus der Geisterbahn, sondern wegen Frau Glück, die unberechenbar schien. „Äh, hallo, hier ist Astrid Lindner. Ich wollte mal nachfragen, ob mein halbes Monatsgehalt schon überwiesen wurde, denn auf meinem Konto ist noch nichts drauf", stotterte ich. „Ja, da müssen sie sich schon ein wenig gedulden", sagte sie unfreundlich und fügte hinzu: „Warten sie mal, ich verbinde sie mit der Buchhaltung", patsch, und sie legte auf.

„Maier", sagte eine weibliche Stimme zu mir. Nun wusste ich, dass ich endlich in der Geisterbahn angekommen war, nein, eher beim Oktoberfest-Schichtl. „Mein Name ist Astrid Lindner, ich wollte mal fragen, ob mein Gehalt schon überwiesen wurde", sagte ich. „Moment", meinte die wortgewandte Dame. Ich hörte, wie sie auf ihrer Computertastatur herumhackte. „Nö, noch nicht. Auf Wiederhören". Patsch, sie legte auf.

Ich drückte die Wahlwiederholungstaste meines Telefons. „Firma SFAM, mein Name ist Engels, was kann ich für sie tun?". „Gruber hier, bitte verbinden sie mich mit 494". „Moment bitte, tut, tut, tut". Patsch, ich legte auf.

Ich drückte die Wahlwiederholung. „Firma SFAM, mein Name ist Engels, was kann ich für sie tun?". „Ortner hier, bitte verbinden sie mich mit 495". „Moment bitte, „tut, tut, tut. Patsch, ich legte auf.

Ich drückte nochmals die Wahlwiederholung. „Firma SFAM, mein Name ist Engels, was kann ich für sie tun?", „Heidemann hier, bitte verbinden sie mich mit

493". „Moment bitte", tut, tut, tut. Patsch, ich legte auf.

Ich musste lachen. Endlich mal eine sinnvolle Beschäftigung am Vormittag. *Das werde ich jetzt so lange machen, bis ich einen neuen Job habe!"*. Ich drückte die Wahlwiederholung. „Firma SFAM, mein Name ist Ruhdorfer, was kann ich für sie tun?". „Psst, Frau Ruhdorfer". „Hey!". „Psst, sag mal, kennst du die Nummer von Herrn Peterhansis Frau?". „Einen kleinen Moment mal", sagte sie professionell. Sie legte den Hörer beiseite. Ich hörte ein Umblättern im Hintergrund. „Die Nummer, die sie suchen, lautet: 08801-9589356 und ist vormittags am besten zu erreichen. Versuchen sie es einfach. Darf ich nach ihrer Nummer fragen", sagte sie. „Na klar, die ist 08807-9498353. Freue mich, mit dir zu reden, danke dir", sagte ich abschließend.

„Soll ich jetzt gleich anrufen? Oder soll ich noch warten?".

Ich überlegte mir die Folgen. Interessanterweise hatten Frau Peterhansi und ich etwas gemeinsam. Auch sie war vormittags zu erreichen. *„Und deswegen sollten wir Frauen zusammenhalten? Welch blöde Konstellation!"*. Ich schaute im Internet nach, welche Adresse auf diese Telefonnummer passte. Fand ich gleich. Ich entschied mich, aus Zeitungen Buchstaben auszuschneiden, um der Dame folgende Nachricht zukommen zu lassen:

IHR MANN BETRÜGT SIE MIT FRAU GLÜCK!
ICH HABE ES GESEHEN!

Mit freundlichen Grüßen, eine ehemalige Mitarbeiterin der Firma SFAM, ohne Namensnennung.

Ich packte die DINA4-Seite in einen Umschlag. Noch nie hat mir das Ablecken eines Umschlags so gut geschmeckt. Und weil noch schönes Wetter war, ging ich zu Fuß zur Post. Auf dem Heimweg dachte ich an mein schlechtes Karma, das sich in der letzten Stunde angesammelt hatte. Aber es tat mir noch nicht mal leid. Ich beobachtete die Vögel, die sich in der Herbstsonne auf den Bäumen sammelten. Von einem Vogel wurde ich angeschissen. Volltreffer. Direkt auf meinen Scheitel. „War das schon alles?", fragte ich den Vogel. „Oder kommt da noch was?". Ich hatte kein Taschentuch zur Hand und lief angeschissenen Hauptes nachdenklich nach Hause:

„Astrid, manchmal muss man eben auf seine Art und Weise für Gerechtigkeit sorgen. Außerdem, wenn du einen Mann hättest, der dich mit einer anderen betrügen würde, wärst du auch froh, wenn du es weißt. Und Herr Peterhansi hatte schon Stress mit seiner Firma und nun in Kürze auch noch Stress mit seiner Frau. Wieso sollte denn bei einem Anzugträger immer alles glatt laufen? Ne, ne, ne, Unglücke kommen immer geballt. Und wer mich ungerecht behandelt, der darf nicht ungestraft davonkommen".

Dann ging ich unter die Dusche. Für Mittag machte ich Toast Hawaii, ungefähr zwei Stunden lang. Und wieder einmal war ich stolz darauf, ein Gericht für unter einem Euro hergestellt zu haben.

Eine Woche später:

Vom vielen Schlafen tat mir der Rücken weh. Meine Augen brannten schon, weil ich immer wieder ins Internet ging, um die Stellenangebote zu durchforsten. Das Geld der Firma SFAM war endlich überwiesen. Mit allen Abzügen kamen netto gerade mal 401,23 € dabei heraus. Also hätte ich monatlich rund 802,46 € brutto verdient. Meine Wohnung schluckte eine Miete von 650 €, kalt. Nebenkosten circa: 200 €. Auto? Telefon? GEZ? Versicherungen? Essen und trinken circa 600 €. Urlaub? *„Was war das nochmal?"*. Kindergeld: 164,00 € im Monat, dazu 176,40 € Unterhalt für Lena vom Erzeuger. *„Herr Schuldnerberater Peter Zwegat, kannst du mir mal eben rechnen helfen?"*. Ich brauchte einen wie Peter Zwegat nicht, um zu erkennen, dass diese Rechnung nie aufgehen kann. *„Wie schaffen das Andere eigentlich?"*, fragte ich mich. Was war ich froh darüber, dass mir mein Vater ein paar Anteile seiner Firma überlassen hatte. Die brachten mir zusätzlich 800 € monatlich ein.

Es war Mittwochnachmittag. Ich rief bei der Zahnärztin, Frau Heidrich-Öttl, an. Eine Zahnarzthelferin gab den Hörer an Frau Doktor weiter. Im Hintergrund konnte ich hören, dass die Ärztin mitten in einer Behandlung war. *„Wie angenehm muss das wohl für den Patienten gewesen sein?"*. Sie fragte mich, ob ich eine gelernte ZMA war. Ich beneinte diese Frage natürlich. Dann war ewige Stille am Apparat. Ich hörte, wie sie irgendwas von einer Abdruckmasse faselte. Es verging eine halbe Minute, dann fragte sie: „Nun, ja, dann weiß ich auch nicht, wo ich sie einsetzen könnte. Haben sie denn ihre Bewerbung schon abgegeben?".

„*Hä, ist die doof?*". „Ja, klar, habe ich. Die liegt schon seit einer Woche bei ihnen. Ich war auch schon persönlich in ihrer Praxis, aber da waren sie im Urlaub", antwortete ich ihr. Es verging wieder eine halbe Minute, in der sie nichts sagte. „Ja, ein persönliches Gespräch wäre natürlich besser", meinte sie in einem gelangweilten Ton, der mich mehr und mehr davon überzeugte, dass Frau Doktor nicht mehr ganz klar im Kopf war. (Oder sie war über dem Patienten bereits eingeschlafen, so klang das!)

„Ja, dann kommen sie mal nächste Woche vorbei". Wieder war es eine halbe Minute still. Ich erfuhr nicht, wann ich kommen sollte. „Ist ihnen Montagvormittag recht?", fragte ich deshalb. Sie sagte wiederum eine halbe Minute lang nichts. Ich überlegte, ob ich wirklich in einer Zahnarztpraxis angerufen hatte, oder war es der örtliche Volkshochschulkurs für Meditation.

„Ohm", rief ich ins Telefon. Da sagte sie plötzlich, dass ich Dienstagnachmittag kommen sollte. Nur die Uhrzeit verriet sie nicht. „Um welche Uhrzeit soll ich denn kommen?", fragte ich nach. Sie blätterte dann in ihrem Terminkalender. Eine weitere halbe Minute lang passierte nichts. „Ohm", wiederholte ich und fragte, ob ihr drei Uhr recht wäre. Wieder eine halbe Minute Schweigen, dann plötzlich: „Nein, so zwischen vier und fünf ..". Klack, und weg war sie. „*Was war das denn?*", dachte ich. „*Astrid, eigentlich brauchst du da gar nicht hinfahren, die Zeit und das Benzin kannst du dir sparen*". Aber dann dachte ich weiter: „*Wenn die Tussi in ihren Zahnbehandlungen auch so langsam ist, wie am Telefon, dann bekommen*

*die Patienten während der Behandlung eine Entzün-
dung des Zahnmarks. Und bis sie eine Diagnose gestellt hat, ist der Zahn bereits schwarz verfärbt".*
Auch eine Lösung, um reich zu werden.

Außerdem war ich der Meinung, dass die Arzthelferin
mich gar nicht hätte weiterleiten dürfen, während die
Zahnärztin praktizierte. Anscheinend hat man es auf
dieser Welt nur noch mit Dummbatzen zu tun. Mein
Telefon klingelte und Frau Ruhdorfer war dran. „Hey,
wie geht's dir?", fragte ich erfreut. „Gut geht's, leider
bist du ja nicht mehr bei uns, aber dafür hast du hier
ordentlich für Aufregung gesorgt". „Wieso?", fragte
ich unschuldig.

„Nun ja, die Frau Peter-Hans stürmte heute in die
Firma. Die hat sich aufgeführt, dass kannst du dir
nicht vorstellen!". „Ach ja, wieso denn?". „Sie ist in
Herrn Peter-Hans Büro geplatzt. Laut den umlaufen-
den Gerüchten hat sie ihren Mann mit Frau Glück in
flagranti erwischt, komisch!". „Hast du was damit was
zu tun? Du hattest mich doch seinerzeit nach der Telefonnummer gefragt!?". „Hnnnööö..", ich konnte mir
das Lachen kaum verkneifen.

„Weißt du Ruhdorferchen, manchmal muss man eben
für seine eigene Gerechtigkeit sorgen, denn der Mist-
kerl hatte seinerzeit nur einen fadenscheinigen Grund
gesucht, um mich rauszuschmeißen", erklärte ich ihr,
ohne ein schlechtes Gewissen zu haben.

„Ja, irgendwie hast du schon Recht. Ich wünschte mir,
dass ich so viel Mut hätte". „Ach Ruhdorferchen, man
muss sich in der heutigen Zeit nicht alles bieten lassen. Solange solche Typen wie Peter-Hansi wissen,

dass es genügend Menschen gibt, die für einen Hungerlohn arbeiten, die immer die Schnauze halten und einhundertfünfzig Prozent Leistung bringen, wird dieses System niemals aufhören!".

„Stimmt schon". „Und alles nur, weil sich ein krankes Hirn wie P. Methoden ausdenkt, die sicherstellen, dass es ihm allein immer gut geht. Es wird noch viel schlimmer kommen, wenn erst mal diese neue Firma in SFAM einsteigt. „Oh Gott, daran wage ich gar nicht zu denken". Wir beendeten das Gespräch. Ich war mir ziemlich sicher, dass Ruhdorferchen und die anderen Mitarbeiter auch nicht mehr lange in dieser Firma tätig sind, denn es gab dort zu viele kranke Hirne. Und: *Je größer eine Firma ist, desto kränker sind die da oben!*", aber das wollte ich ihr alles noch nicht sagen.

Lena hatte abends wieder ihre Wachstumsschmerzen. Ihre Beine taten weh, ich massierte sie mit Franzbranntwein ein. Sie schlief dabei zufrieden ein. Ich küsste ihre zarten Wangen und hatte ein schlechtes Gewissen, dass ich überhaupt ein Kind in diese Welt gesetzt hatte. Ein Kind das zwar jetzt noch nicht all diesen Mist ertragen muss, aber dafür später vermutlich umso mehr. Noch mehr, als ich derzeit erlebe. Und wahrscheinlich so heftig, dass ich auf der Stelle hätte heulen können. „Kleines Mädchen, was wird nur aus dir? Wie wirst du später einmal leben?". Dann liefen mir doch die Tränen.

Ich machte mir dann doch noch eine Flasche Weißwein auf. Wieder suchte ich frustriert im Internet nach den Stellenangeboten. Da stand immer wieder der gleiche Mist drin, den ich schon gestern und vorgestern las. Eines las ich immer wieder: Teilzeitangebot bei McDonalds! Dachte aber gleichzeitig, dass ich auch am Samstag, an Sonn- und Feiertagen arbeiten müsste. Denn die werden bestimmt keinen Extra-Dienstplan für eine alleinerziehende Mutter machen. Also ließ ich es bleiben, mich dort zu bewerben.

Ich wollte einschlafen, es ging aber nicht. Ich stand auf und trank ein weiteres Glas Wein. Stellte mich auf die Terrasse, rauchte gleich drei Zigaretten hintereinander. *„So, jetzt weiß ich auch, wie manche Menschen zum Alkoholiker werden"*. Dann ging ich ins Bett. Begann zu weinen, denn die Situation schien mir aussichtslos zu sein. Lena wachte auf und sie fragte, was denn los sei. „Nichts, Schnackl", antwortete ich ihr. Gleichzeitig war ich überrascht, dass sie aufgewacht war, denn das kam die letzten drei Jahre nicht mehr vor. Lena kuschelte sich zu mir ins Bett und sagte: „Mama, das wird schon wieder. Ich bin doch auch noch da".

„Ja, und gerade weil du da bist, mache ich mir die größten Sorgen!", sagte ich zu Lena natürlich nicht.

Lena schlief die ganze Nacht in meinem Arm. Ich erinnerte mich an unser sorgloses Leben, als sie noch ganz klein war. Und ich dachte an die Zeit, als ich in der Firma meines Vaters arbeitete. Damals hatte ich nie einen Gedanken darauf verschwendet, dass sich mein Leben einmal so radikal ändern würde. Aber ich dachte weiter: *„War es wirklich mein Leben, dass sich so geändert hatte? Oder war es die Gesellschaft, die sich radikal geändert hat? Ich kam zu dem Schluss, dass es die Gesellschaft war. Und hoffte, dass dieser Wahnsinn eines Tages zu Ende gehen würde"*.

168

Um fünf Uhr früh schlief ich ein.

Weil ich schon die letzte Nacht so schlecht geschlafen hatte, legte ich mich gleich wieder ins Bett, nachdem ich Lena zur Schule gefahren hatte. Bei diesem Tag-Nacht Rhythmus hatte ich das Gefühl, dass meine Gehirnzellen abstarben, die ich vielleicht in meinem nächsten Job noch hätte gut gebrauchen können. Eine Gehirnzelle, die noch funktionierte, ließ schon wieder eine unglaubliche Wut in mir hochkommen, sodass mir ein Teller auf den Boden knallte, während ich die Spülmaschine ausräumte. *„Herr Gott nochmal, das kann doch nicht wahr sein! Ich habe Energie in mir drinnen für zehn dieser blöden Firmen. Und ich verdummdödele hier vor mich hin!"*.

Nachdem der Küchenboden wieder begehbar war, rief ich im Arbeitsamt an, fragte da mal nach. Ich schilderte meine Situation. Sagte, dass ich hauptsächlich an einer Tätigkeit am Vormittag interessiert sei. Die Dame vom Arbeitsamt war wirklich freundlich. Sie tippte meine Wünsche in ihren Computer. Sie bestätigte mir, dass, wenn sie eine Vormittags-Tätigkeit für mich hätte, sie mir sofort Bescheid sagen würde. *„Na, das waren ja mal endlich wieder gute Nachrichten!"*.

Ich spülte noch zwei Töpfe per Hand, da klingelte das Telefon. Es war ein Mann vom Arbeitsamt. Der verkündete mir die frohe Botschaft, dass er einen 400 € Job für mich hätte. *„Besser als nichts"*, dachte ich. Dann verkündete er weiter, dass dieser Job drei Mal am Nachmittag in der Woche sei. Die betreffende Firma sei nur 40 Kilometer weit entfernt. *„Hä?? Boa neh, das kann jetzt nicht wahr sei, oder?"*. „Sagen sie mal?", fragte ich den Kerl, „haben sie sich denn eigentlich schon mal die Mühe gemacht, um in ihren Computer genau nachzuschauen?". Ich hätte platzen können vor Wut. „Aber das ist doch ein tolles Angebot", preiste der den Job an. „Sie, ich bin eine alleinerziehende Mutter und meine Tochter ist sieben Jahre alt. Meinen sie wirklich, dass ich mein Kind drei Mal in der Woche am Nachmittag allein lasse?". „Äh, wahrscheinlich nicht", stotterte der. „Sehen sie. Außerdem ist dieser Job 40 Kilometer weit entfernt", brüllte ich ihn an. „Und", brüllte ich weiter, „bei diesen Benzinpreisen verfahre ich die Hälfte meines kümmerlichen Lohns". Der Mann blieb stumm. Ich polterte weiter: „Außerdem muss ich sozial- und krankenversichert sein. Also halten sie mich jetzt nicht weiter mit solchen schizophrenen Vorschlägen auf. Wiederhören". Ich legte auf.

Mittags gab es Hühnersuppe. Ausgekocht aus dem Schenkel eines Hühnerbeins, mit Nudeln drin für Lena. Das Wurzelgemüse war für mich. Lena wollte zu ihrer Freundin Sarah. Nachdem sie mit ihren Hausaufgaben fertig war, fuhr ich sie zu Sarah. Ich beschloss meine kinderlose Freizeit zu Hause zu verbringen, da ich sonst Gefahr gelaufen würde „draußen" Geld auszugeben. Und weil mir langweilig war, zeichnete ich meine Gefühle als Cartoon. Folgendes entstand da:

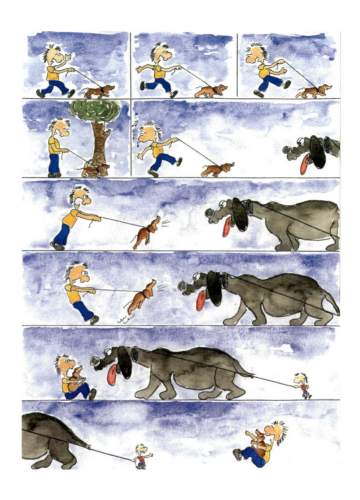

Meine Gedanken dabei waren: *„Auch wenn die Angst davor, was einem alles so passieren kann, noch so groß ist, kommt es doch meist anders als man denkt"*. Drei Tage und drei Mahlzeiten zu einem Euro weiter, am besagten Mittwochnachmittag:

Das Gespräch mit der Zahnärztin Heidrich-Öttl zwischen vier und fünf Uhr nachmittags stand nun an. Ich legte Lena eine Videokassette in den Rekorder. Sagte ihr, dass ich spätestens um sechs Uhr wieder zu Hause sein würde. Ich küsste Lena. Um zehn vor vier Uhr fuhr ich los. Eine Vorahnung sagte mir, dass dieser Termin vermutlich reine Zeitverschwendung sei. Aber ich wollte ja nichts unversucht lassen.

Um zwanzig nach vier betrat ich die im ersten Stockwerk belegene Praxis. Eine Verwaltungsangestellte saß im Eingangsbereich, beschäftigt mit Abrechnungen. Ich fragte die Dame, ob sie denn die neue Mitarbeiterin sei, denn ich hatte ja schon mal so eine ähnliche Erfahrung gemacht. Sie beneinte dies und fügte hinzu, dass sie nur auf Stundenbasis in der Praxis tätig ist. Das erleichterte mich ein wenig. Trotzdem kam ich mir ziemlich fehl am Platze vor. Ich stellte mich darauf ein, dass ich bestimmt eine Stunde warten müsste, denn so, wie die Zahnärztin sich am Telefon verhielt, erwartete ich auch bezüglich ihre Terminplanung nicht das Beste.

Dem war aber nicht so. Ich wurde nach drei Minuten von einer Dame in einen Nebenraum geleitet. Sie fragte mich, ob ich ZMA gelernt habe. Ich beneinte dies. Sie meinte dann, dass zahnärztliche Abrechnungen nur von gelernten Kräften übernommen werden sollten. Dann erst kam mir die Erkenntnis: Ich hatte die Zahnärztin leibhaftig vor mir. „Ach, sie sind Frau Heidrich-Öttl?", fragte ich sie. „Ähmm, ja", sagte sie scheu wie ein Reh, das gerade ihren Jäger in die Augen schaute. Höflich gab ich ihr die Hand, denn sie hatte wohl ein Problem damit, mit einer ungelernten ZMA Körperkontakt aufzunehmen. Ihr Handschlag war tatsächlich so, wie der eines scheuen Rehs. Ich fragte mich, wo ich hier gelandet bin.

„Wissen sie, es gibt Zahnärzte, die wollen nur bohren und haben mit der Abrechnung nichts am Hut", steckte sie mir. „Na, dann hoffe ich für sie, dass die Abrechnungen auch immer stimmen, wenn sie kontrolliert werden", antwortete ich.

Frau Heidrich-Öttl ging weiter zum Bohren. Sie hielt es noch nicht mal für nötig, mir einen schönen Tag zu wünschen. Sie ging einfach weiter zum Bohren. *„Herr Gott, und für solch einen Scheiß lasse ich mein Kind vor einem Video sitzen, den sie sich schon Hundertmal angesehen hatte!"*. Ich ärgerte mich auch über die Benzinkosten, die mir nicht ersetzt wurden. Aber ich konnte meine negativen Impulse in der Zahnarztpraxis zurücklassen, das gefiel mir. (Wenige Wochen später las ich in der Zeitung etwas über eine Praxisaufgabe. Genau in dem Ort, an den ich gereist war, um meine Benzinkosten zu verschwenden. Die Ärztin hieß Heidrich-Öttl!)

„Du bist ja schon wieder da", sagte Lena zu mir. „Und hat es geklappt?", wollte sie weiter wissen. „Die doofe Nuss wollte nur eine gelernte Mitarbeiterin haben", antwortete ich. „Aber du bist doch gelernt? Oder nicht?", fragte sie. „Ja schon, nur nicht in der Zahnarztabteilung", entgegnete ich ihr. „Ach Mama, dann schau mal in deiner Abteilung genauer nach". „Guck mal" – Lena deutete auf den Fernseher, in dem immer noch das Video lief – „die Kim Possible hat auch immer Gegner, aber am Ende ist sie immer die Siegerin, weil sie die Welt verbessern will". „So bist du auch, Mama".

„Ach Schnackchen, du weißt, wie du mich aufbauen kannst", meinte ich zu Lena und drückte sie. Dann setzte ich mich auf die Couch zu ihr und guckte den Rest von Kim Possible, die gerade dabei war ihrem Schurken mit Ronald und dem kleinen rosa Nacktmulch über eine Klippe mit einem Monster Roboter zu erklimmen. Dann hatte Kim Possible zufällig ein langes Seil in ihrer Hosentasche, schoss das Seil in einen Felsen, zog sich am Feld hoch, hakte sich dort ein, um dann wieder herunterzufliegen. Mit dem Seil in der Hand rettete sie ihren besten Freund samt rosa Nacktmulch. Der Schurke blieb in seinem Monster-Roboter zurück, der sich dann nicht mehr bewegen konnte. Oder hatte er vergessen zu tanken? Wie auch immer! *„Aus Kinderfilmen lässt sich immer was Positives zaubern. Egal, wie bescheuert die Handlungen auch sind. Der Gedanke daran, wie Kim ihre Welt sieht und was sie daraus macht, lässt mich zumindest einen Schritt weiter positiv in die Zukunft blicken. Auch wenn es nur für eine hundertstel von Sekunde so war, um mit einer Traumwelt der positiven Gedanken zu verschmelzen. Ach, könnte ich nur auch noch Kind sein!"*.

Durch mein Küchenfenster sah ich den Jungen, der immer Mittwochnachmittags das Regionalblatt auslieferte. Rund 14 Jahre alt. Seine Hose hing ihm immer zwischen seinen Knien. (Wie Hosen dort halten wird mir immer ein Rätsel bleiben!)

Man muss sich vorstellen, dass dieser Junge schon sechs Stunden Schule hinter sich hatte. Dann hatte er wahrscheinlich noch Nachmittagsunterricht – Sport oder so. Und mittags kein vernünftiges Essen bekommen. Trotzdem schaffte es dieser Junge, all diese Regionalblätter mit all diesen Werbeprospekten der Möbelhäuser und Discounter in die Briefkästen zu stopfen. Damit ich wieder genügend Abfall zu entsorgen hatte! Na ja, ich hatte ja derzeit nichts Besseres zu tun. Ich ärgerte mich jedes Mal darüber, den Mist zu entsorgen, denn es war, als würde ich das Geld dieser Möbelhäuser wegschmeißen. Und dann kam wieder Kim Possible in mir hoch. Ich dachte dabei an die Haiti-Erdbeben und Tsunami-Opfer. Sie könnten zwar die Werbeprospekte der XXXL Möbelhäuser nicht lesen und damit auch nicht Kinder ernähren. Aber was wäre, wenn die XXXL Möbelhäuser mal drei Wochen lang ihre Werbung aussetzen würden und das ersparte Geld an die wirklich bedürftigen Menschen schicken würden?

Erstens müsste ich dann den ganzen Mist nicht entsorgen, zweitens hätten ganz Haiti und der gesamte Indische Ozean wieder genügend Geld, um sich zumindest Grundnahrungsmittel zu kaufen.

Ich las im Stellenteil des Regionalblatts, dass sie eine Mitarbeiterin im Büro für Naturschutzwesen suchten. Halbtags und für 22 Stunden in der Woche. „Oh!“. Dann las ich weiter: Großunternehmen sucht Mitarbeiter für Auslieferung und Verkauf. Verdienst circa 1.600 €. Bestimmt XXXL! *„Warum nicht?“*. Weiter suchten sie eine Fachkraft für den Verkauf in einer kleinen Boutique. Auch auf Teilzeit. *„Oh! Auch nicht schlecht!".* Dann las ich: Wir suchen genau sie! *„Wen? Mich? Wieso?".* Sie testen für uns Lebensmittel, Fachgebiet Wasser, sehr gute Einkommensmöglichkeit, ihre Bewerbung richten sie bitte an Tel: 08362- 883855. *„Wie kann man seine Bewerbung an eine Telefonnummer richten?".*

Ich hatte diese Wochenendausgabe in der Hand. Plötzlich wusste ich nicht mehr, wo ich mich zuerst bewerben sollte. *„Manno! Zuerst wochenlang keine Stelle in Sicht, dann so viele auf einmal. Das überfordert mich fast".*

Montagmorgen:

Ich rief zuerst im Landratsamt an. Herr Süßmair, so stand es in der Anzeige, ist der Chef der Personalabteilung. Er hatte eine Besprechung. Die nette Dame sagte mir, dass ich ihn ab 14 Uhr erreichen könnte. *„Mach ich glatt!".*

Dann rief ich in der Boutique an. Der Mann hatte schlechten Empfang, aber er war sichtlich erfreut darüber, dass ich in einem renommierten Hause im München Einzelhandelskauffrau gelernt hatte. Ich war meinerseits weniger erfreut darüber, dass ich jeden Samstag in seinem Laden stehen müsste. Trotzdem vereinbarte ich einen Vorstellungstermin für den nächsten Vormittag aus. *„Astrid, bewege dich erst mal als Kundin in dem Laden, und entscheide dann, ob du in diesen Laden passt. Nicht, dass du am Ende noch Oma-Klamotten verkaufen musst".*

Ich rief auch in dem Großunternehmen für Auslieferung und Verkauf an. Der Mann war hörbar erstaunt,
dass sich eine Frau für diesen Job interessierte. *„Depp,
warum denn nicht?"*. Dann stellte sich heraus, dass
dieses Großunternehmen mehr als 150 km entfernt
war. „Kommt dann leider doch nicht in Frage für
mich", sagte ich ihm. *„Depp, warum schreibst du
keine Adresse in die Annonce?"*.

Weiterhin rief ich bei dem Unternehmen an, das genau mich, und nur mich suchte. Das Lebensmittel/
Fachgebiet Wasser/ Unternehmen. *„Hätten sie statt
Wasser Wein getestet, wäre dieser Job ja noch attrak-
tiver für mich gewesen!"*. Aber der Typ suchte jemanden, der in Südbayern von Region zu Region fuhr, in
seinem eigenen Pkw, um in diversen Wassermarken
nach Keimen zu suchen, Vollzeit, mit Unterbrin-
gungsmöglichkeiten im gesamten Raum Südbayern.
*„Unvereinbar mit Lena und mit meinem Renault
Twingo!"*.

Um 14 Uhr versuchte ich nochmal mein Glück beim
Landratsamt. Ich hatte die Durchwahl von Herrn
Süßmair gewählt. Besetzt. Um 14 Uhr und drei Minuten drückte ich die Wahlwiederholung. Besetzt.
„Spricht der schon mit einer anderen Bewerberin?".
Um 14 Uhr und fünf Minuten, besetzt. Um 14 Uhr
und acht Minuten, immer noch besetzt. Ich hatte wieder einmal das Gefühl, dass ich den Hörer gegen die
Wand klatschen sollte. Um 14 Uhr und fünfundzwanzig war der „Herr" endlich erreichbar. Zu meiner
Überraschung war er wirklich nett. Es kam ihm nicht
so sehr auf die Qualifikation an! Er ermunterte mich,
ihm meine Bewerbungsunterlage zuzusenden. Und

abends saß ich an meinem Rechner und schrieb die aussagekräftigste Bewerbung, die ich je geschrieben hatte. (Ich schleimte, was das Zeug hielt!)

Dienstagmorgen:

Um zehn vor Zehn stand ich vor der Boutique. Ich sah die Auslage an, hielt meinen Geldbeutel sofort fest. Ich sah Preise, die sich nur die Superreichen leisten können. Die Ware lag wie mit einem Zollstock ausgemessen akkurat in den Regalen. Die Büsten standen wie die Zinnsoldaten im Schaufenster. Ein Paar Stiefel für 350 € war auch dabei.

Wenn ich also diesen Laden repräsentieren soll, müsste ich mich selber in solche Klamotten stopfen. Das würde mich mindestens dreitausend Euro kosten. Und ich bräuchte einen weiteren Kleiderschrank. *„Außerdem, was macht man fünf Stunden täglich in einem solchen Laden? Kommt überhaupt Kundschaft innerhalb der fünf Stunden? Und so viele Bücher gibt es nicht, die ich während der Arbeitszeit lesen könnte"*, dachte ich. Ich war mir sicher, dass mir dort eine Minute wie eine Stunde vorkommen würde. Weiter studierte ich die Öffnungszeiten an der Tür: *Samstag geöffnet bis 18 Uhr!* Ich ließ das Vorstellungsgespräch sausen und lief schnell weiter. Kaufte einen Lippenpflegestift für 1,25 Euro im Drogeriemarkt. Beneidete die Kassiererin, die im Gegensatz zu mir zumindest Arbeit hatte.

Dann fuhr ich zum Landratsamt. Dort gab ich meine Bewerbungsunterlagen ab. Ich wollte Herrn Süßmair persönlich sprechen, aber der war leider in einer Besprechung. Da lieferte ich meine Mappe an der Pforte ab.

Ich fuhr wieder heim. Auf dem Rückweg kam ich bei McDonalds vorbei. Ich dachte, dass mir ein Hamburger gut zu Gesicht stände. Ich wendete, parkte hungrig ein, hastete in den Laden und bestellte mir gleich zwei dieser leckeren Teilchen. Einen für mich gleich, einen für Lena später.

Wieder beobachtete ich die Mitarbeiter. Ich beschloss, dass wenn es beim Landratsamt nicht klappen würde, ich mich hier bewerben würde, um auf die Pommes das Salz zu streuen. *„Ist bestimmt aufregender, als sich in einer Boutique die Beine in den Bauch zu stehen"*. Vorsichtshalber nahm ich ein paar Tabletten gegen Laktose-Intoleranz, um danach genüsslich in den Hamburger beißen zu können. Dann stieg ich ins Auto, befreite das lecker Teilchen vom Papier und gab Gas. (Hamburger essen und Autofahren gleichzeitig verträgt sich nicht wirklich gut!)

Mit Royal TS Sauce verschmierte ich meine Oberschenkel sowie das Lenkrad. Ich wollte dann Lena von der Schule abholen. Während ich auf Lena wartete, puhlte ich mit meinem Fingernagel ein Salatblatt mit Zwiebelstück aus dem Schlitz zwischen Lenkrad und Hupe. Das Teilchen schnippte ich dann mit meinem Daumenfingernagel aus dem geöffneten Autofenster. Das Teil traf genau den Lehrer, den meine Lena im Religionsunterricht hatte. *„Ups!"*. Das Ding flog direkt auf seinen Mantel. Um genau zu sagen, traf es ihn genau auf sein Gesäßteil. Deswegen bemerkte er das auch nicht.

„*Gott ist bei mir*", dachte ich. Denn wenn noch nicht mal ein Religionslehrer einen Batzen Royal TS Sauce von McDonalds auf seinem Hintern spürt, war das ein göttliches Zeichen für mich. Der Religionslehrer stieg in sein Auto ein, welches genau neben meinem parkte. Er schaute mich durch die Scheibe an, erkannte mich und winkte freundlich. Ich winkte freundlich zurück. Dabei stellte ich mir vor, wie der Fett- und Zwiebelgeruch langsam, verstärkt durch die Sitzheizung, in seinem Auto die Oberhand gewann. Lena stieg wenige Minuten später in unser Auto ein. Sie berichtete mir, dass sie im Religionsunterricht eine „Zwei" im mündlichen Ausfragen bekommen hatte. (Gut, dass der Hintern des Religionslehrers vorher noch nichts von meiner Aktion wusste!)

Lena sagte mir, dass sie nachmittags bei ihrer Freundin Sarah eingeladen war. Sarah hatte Geburtstag. „Und wieso sagst du mir das erst jetzt?", fragte ich sie. „Hab ich vergessen", entschuldigte sie sich, „aber wir brauchen noch ein Geschenk". „Na, super! Und wann sollen wir eines besorgen?", fragte ich zornig. „Dann fährst du mich halt ohne Geschenk zu ihr!", antwortete Lena patzig, denn sie wusste ganz genau, dass ich sie niemals ohne ein vernünftiges Geschenk auf eine Geburtstagsparty ließ.

„*Manno! Wieso muss immer alles gleichzeitig passieren?*". Ich warf Lenas Hamburger Royal TS in die Mikrowelle. Nach drei Minuten wurde das ohnehin schon einem Papp-Bierdeckel ähnliche Teil steinhart. Ich bekam ein schlechtes Gewissen, dieses matschartige Teil mit den zwei steinharten Bierdeckeln meiner Tochter als Mittagessen zu servieren. Der Salat glich einem Spinat, die Soße war so flüssig, dass sie links und rechts aus den Deckeln herausquoll. Ich schmiss das unappetitliche Burger-Teil einfach weg und kochte Spaghetti mit Tomatensoße. Bobby servierte ich vorher den Fleischbatzen in der Mitte des Teils, den ich vorher von Soße und Zwiebeln befreit hatte. Er fraß es nicht, schaute mich nur verdutzt an.

Aber wir mussten ein Geschenk für Sarah besorgen. Deshalb fuhren wir wenige Minuten später in ein Schreibwarengeschäft am Ort. Lena wollte für Sarah einen pinken Kugelschreiber kaufen, den sie am liebsten selber gehabt hätte. „Mama, Hmm, den Kugelschreiber kann ich ja Sarah schenken und ihn mir dann immer ausleihen, wenn sie ihn nicht braucht". „Aber ihr streitet doch dann nicht etwa wegen eines pinken Kugelschreibers?". „Nö, wieso denn auch?". Die Verkäuferin packte den Kugelschreiber in pinkfarbenes Geschenkpapier ein. Ich fuhr anschließend mit Lena zu Sarah, die schon sehnsüchtig wartete. Ich indes nutzte die Gelegenheit, um ein kleines Nachmittagschläfchen zu machen.

Zwei Stunden später ging ich phlegmatisch an den Computer. Unter der Rubrik „Stellenangebote in meiner Stadt" suchte ich wieder nach Jobs. Dort fand ich unter Stellensuche: Bäckerei-Fachverkäuferin, Arbeitszeit von 6 Uhr morgens bis Mittag 13 Uhr. „*Oh*". Ich las weiter: Im Wechseldienst auch von 13 Uhr bis abends 20 Uhr. Dabei kam mir die Idee, dass ich Lena lehren könnte, sich morgens das Frühstück selber zuzubereiten. „*Aber wie kommt sie pünktlich zur Schule? Mittags wäre ich dann ab 13.20 Uhr zu Hause und könnte ihr wieder Steine von MacDonalds mit-*

bringen. *Wäre nicht schlimm. Und: Ich könnte auch das Mittagessen stehen lassen, wenn ich im Wechseldienst am Nachmittag tätig wäre und erst um halb ein Uhr abfahren müsste. Abends kann ich dann Lena noch einen Kuss auf die Stirn geben, wenn ich um 20.30 Uhr Heim käme, um sie ins Bett zu bringen, während sie den gesamten Nachmittag alleine war! Super Aussichten! Ist das der Sinn einer Erziehung? Soll das wirklich euer Ernst sein?".*

Ich ließ meine Gedanken weiter schweifen, denn ich wusste, dass Lena den ganzen Nachmittag nur zwischen Fernseher, Computer und Nintendo-Spiel wechseln würde. Ihre Hausaufgaben würde sie sicher nicht unbeaufsichtigt machen. Und ich? Ich dürfte dann im Wechseldienst ihre Chipsbrösel vom Sofa saugen, während sie ihre Hausaufgaben um 20.45 noch nicht erledigt hätte! Dann dachte ich an die „gute" Ernährung des Kindes. Man konnte ja in jeder Zeitschrift lesen, wie viel Vitamine, Mineralien, Kohlehydrate und Omega3-Fettsäuren ein heranwachsendes Kind braucht, um sich vernünftig zu entwickeln. Und um sich in der Schule ordentlich zu konzentrieren! Wie zum Geier soll man sich an diese wertvollen Tipps halten, wenn man dann seinem Kind das Essen servieren muss, als wäre es ein Tier? Bei diesem Gedanken stellte ich mir vor, wie Bobby und Lena aus einem Fressnapf speisten. Daneben die Brekkies, die für eine Katze wohl eine Art Chips sein dürften. (Gibt auch für Lena ein glänzendes Fell!)

Ich machte mir einen Kaffee. Überlegte, wie es wohl mit mir und meiner finanziellen Lage weitergehen soll. Wie ich mit meinem Berufsleben als allein erziehende Mutter meinem Kind und meinem Girokonto gerecht werden kann. Dann bekam ich wieder dieses beklemmende Gefühl der Ohnmacht, hilflos zu sein! Und die perverse Angst, die sich in meinem gesamten Bauchraum verbreitete. So, dass ich wieder einmal Durchfall bekommen würde, ohne auch nur ein Stück Käse gegessen zu haben. Dieses Gefühl wechselte sich ab, mit dem Gefühl arbeiten zu wollen. Und das unbedingt. Tag und Nacht. Keine Frage. Aber: Lena? *„Wie hieß es noch mal? Man kann nicht mit einem Arsch auf zwei Hochzeiten tanzen! Als alleinerziehende Mutter hast du eben nur einen Arsch, aber du musst auf fünf Hochzeiten rumtanzen. Dafür hast du nicht das Gefrett mit einem Mann, und das würde mir auch gerade noch fehlen!"*.

Der Paperboy warf die Regionalzeitung in meinem Briefkasten. Das konnte ich von meinem Küchenfenster aus beobachten. Schnell lief ich aus der Wohnungstür und begegnete Frau Mertens. *„Hnee, du fehlst mir gerade noch"*. „Äh, hallo, Frau Lindner, wir haben uns ja lange nicht mehr gesehen", sagte sie. *„Und das könnte auch noch so bleiben, bis zur nächsten Jahrtausendwende!"*. „Wissen sie, mein Mann kommt, er will zu mir zurück, hat er gesagt. Und er will bei mir wohnen, hat er gesagt, weil er leider nur eine kleine Rente bekommt, hat er gesagt. Und er hat seine junge Freundin…".

Stopp! Das waren schon drei Sätze! Aber Frau Mertens strahlte dabei vor Glück. „Lassen sie uns ein anderes Mal darüber reden, ich muss die Zeitung holen, denn ich suche einen Job!", schrie ich ihr hinterher. Rannte dann zum Postkasten. Ich nahm die Regionalzeitung aus dem Briefkasten. Dann wartete ich darauf, dass Frau Mertens endlich in ihrer Wohnung verschwinden würde. Ich konnte sie durch die Glastür gut beobachten. Aber Frau Mertens machte gar keine Anstalten, sie ging einfach nicht in ihre Wohnung zurück. Im Gegenteil. Sie wartete auf mich, was mich extrem unter Stress setzte. *„Mann, jetzt geh schon in deine Wohnung, ich kann dein Gelaber nicht ertragen!".*

Drei Minuten später stand sie immer noch vor ihrer Wohnungstür, während ich die Herbstblätter des Buchenbaumes zählte, der direkt vor unserer Wohnanlage stand. Ich stellte fest, dass es wohl mehr Läuse auf einer Buche gab, als Menschen, die einen Job suchten. Das beruhigte mich ein wenig, aber an meiner Situation änderte es auch nichts. Also setzte ich mich unter die Buche und studierte den Stellenteil. Da war zu lesen:

Verstärkung im Außendienst: Wir suchen fleißige Mitarbeiter mit gültiger Fahrerlaubnis für PKW für leichte Außendiensttätigkeit, kein Verkauf, selbständiges Arbeiten, *„bla bla!"*, sicheres Auftreten, *„bla, bla"*, und Spaß am Umgang mit Kunden, *„ja den kann der Kunde haben! – wieder nicht vereinbar mit Lena!".*

Selbständig? Und auf der Suche nach einem zweiten Standbein? Wir bieten feste Zustelltouren für Selbständige. Eigener Pkw erforderlich. *„Hä? Selbständig und mit meinem eigenem Auto? Für die Prospektverteilung soll ich mich selbständig machen. Und meinen Renault Twingo herunterwirtschaften? Ne, ne, das kostet mich ja eine Menge Reparaturen, wahrschein-*

lich mehr Reparaturausgaben, als ich hier jemals verdienen werde!".

Weiter las ich: Reinigungskräfte, w/m, in Teilzeit und als Aushilfen, Arbeitszeit von 15.30 bis 19.30 Uhr, sowie nach Vereinbarung.

Die ganzen fachspezifischen Leute, die mit Abitur und einer mehrjährigen Erfahrung in bestimmten Bereichen gesucht wurden, möchte ich hier gar nicht erwähnen. Denn dies würde mich nur an meinem Selbstwertgefühl zweifeln lassen. Ich blätterte weiter in der Zeitung herum, in der Hoffnung, dass Frau Mertens nun endlich in ihre Wohnung verschwindet. Da entdeckte ich eine Annonce, die mir auf Anhieb wie ein Sechser im Lotto erschien. Stand da glatt:

Wir suchen ab sofort zu unserer Entlastung eine Teilzeitkraft: Bürokauffrau/ Bürokaufmann. In einem Autohaus, welches nur sieben Kilometer weit entfernt lag. Plötzlich fiel ein Blatt von der Buche herab, unter der ich saß. Das Blatt fiel genau auf dieses Stellenangebot. (Das konnte sicherlich nur ein Zeichen von oben sein!)

Ich las weiter: Wir sind seit 55 Jahren ein anerkannter Kfz- Meisterbetrieb mit Autohaus und Tankstelle, der bestrebt ist, immer auf dem Stand der neuesten Technik zu sein. *„Das bin ich auch!".* Das boten sie: Die Möglichkeit zur selbständigen und eigenverantwortlichen Mitarbeit. Ein modernes Umfeld, in das sie ihr persönliches Engagement und ihre Motivation einbringen können. *„Sehr gut. Das passt!".* Das bringen sie mit: Gute Kenntnisse im Umgang mit dem PC, hohe Eigeninitiative und Kontaktfreudigkeit. *„Was ist* *mit Brotzeit?"*. Wie wir zusammenkommen: Wir freuen uns auf ihre aussagekräftigen Bewerbungsunterlagen, die sie uns – bevorzugt per Post – zukommen lassen. *„Nix da per Post! Da fahre ich morgen persönlich hin und verlange gleich die Chefs!"*.

Während ich mein Glück kaum fassen konnte, ging ich wie in Trance in meine Wohnung zurück. Die Zeitung klemmte ich mir fest unter den Arm. Das Buchenblatt, welches auf der Stellenanzeige gelandet war, nahm ich auch gleich mit. Es schien mir eine Art Glücksbringer zu sein.

„Ach, Frau Mertens, sie stehen ja immer noch hier!". „Ja wissen sie, mein Mann kommt zurück". „Echt, und wann?". „Na, heute noch", rief sie und ging in ihre Wohnung. *„Hä? Was war das denn? Ich glaube nicht, dass sich ein normaler Mensch jemals das Geschwafel von Frau Mertens freiwillig antut .Und das 24 Stunden lang, täglich. Nicht mal wegen der kleinen Rente! Aber was interessiert mich das Geschwätz von nebenan?"*.

Abends schrieb ich die weltbeste Bewerbung meines Lebens. Ich log nicht, denn das schien mir kein gutes Karma zu sein. Jedoch schrieb ich, früher als Serviceberaterin im elterlichen Betrieb tätig gewesen zu sein, obwohl ich von Service keine Ahnung hatte. (Service hat man in jedem guten Restaurant auch, und so schlimm kann das ja nicht sein!)

Dann googelte ich im Internet, um etwas mehr über dieses Autohaus zu erfahren. Ich sah die Chefin und den Chef auf einem kleinen Foto. Die beiden waren also verheiratet, sie handelten die Neuwagen, Gebrauchtwagen, hatten ein Leihwagengeschäft.

Am nächsten Tag fuhr ich persönlich in dieses Autohaus der Marke Opel. Ich fand ein Autohaus vor, in dem weit und breit keine Kunden und keine Mitarbeiter zu sehen waren. Gerade mal drei Neuwagen standen in einer Halle herum. Ich suchte irgendeine menschliche Person, die mir zumindest meine Bewerbungsunterlagen abnehmen konnte.

Ich lief weiter, sah einen Shop, dann eine Theke und ganz, ganz hinten im Eck saßen zwei Damen, die in einem kleinen Büro vor ihrem Rechner saßen. „Klopf, klopf, mein Name ist Astrid Lindner. Ich möchte mich auf eine Stellenanzeige bewerben. Ist es möglich jemanden von der Personalabteilung zu sprechen?", fragte ich. „Oh!", sagte die links sitzende Dame, die gerade mal zwanzig war, „die sind gerade in einem Kundengespräch. Es handelt sich da um einen Neuwagen. Das kann dauern", sagte sie. „Ach so, ja, ich hätte gerne mit jemanden persönlich gesprochen. Ist es besser, wenn ich am Nachmittag noch mal vorbeikomme?", fragte ich. „Ja, heute Nachmittag so ab drei Uhr ist es besser, aber sie können mir auch gerne ihre Unterlagen hier lassen, ich gebe sie dann weiter", erklärte sie. (Mein Gefühl sagte mir aber, dass ich besser nochmal persönlich vorbeikommen sollte!)

„Ach, wissen sie, ich komme gerne am Nachmittag nochmal vorbei. So ab drei Uhr?", fragte ich selbstsicher. „Ja, um diese Uhrzeit ist bestimmt die Chefin im Shop!", antwortete die Linke. „Dann bis später, tschüss!". *„Oha, die Chefin ist also jeden Nachmittag im Shop. Das bedeutet, jeden Nachmittag die Chefin*

187

um die Ohren zu haben. Aber egal, es gibt ja auch
Chefinnen, die ganz in Ordnung sind, hab ich zumin-
dest mal von gehört!".

Ich holte Lena pünktlich im ein Uhr ab. Wartend stellte ich mich wie jeden Mittag auf den Parkplatz. Ich
beobachtete die Schüler der Grundschule, die fröhlich
aus dem Schulhaus herauskamen. Ich überlegte mir,
ob die alle jemals einen guten Job bekommen werden:
Ein kleiner Junge mit dicker Brille und korrekter Bügelfalte kam aus der Schule. Da war mir schlagartig
klar, wer der neue zukünftige Finanzminister sein
wird. Eine junge Lady, die „all over" in Pink gekleidet
war und schon in der vierten Klasse Absätze trug —
oder tragen musste? – ließ vermuten, dass Männer im
Rotlichtmilieu auch zukünftig Geld ausgeben würden.
Ein dickes Mädchen stopfte sich gerade eine Leber-
käs-Semmel zwischen ihre Backen. Da war ich mir
sicher, dass auch die Metzgereien in Zukunft immer
genügend Personal haben.

Weiter beobachtete ich eine „Kleine", die ihre Freundin herzlich tröstete, weil die anscheinend Kummer
hatte. Da machte ich mir über zukünftige Psychothe-
rapieplätze auch keine Sorgen mehr. Und dann kam
der Junge mit den Gummistiefeln! Und trotz meiner
Laktose-Intoleranz freute ich mich, dass auch die
Landwirtschaft zukünftige Wirtschaftskrisen überste-
hen würde.

Dann kam Lena. Ich sah in ihr betretenes Gesicht. Da
stimmte doch irgendetwas nicht. Sie schmiss ihren
Schulranzen auf die Rückbank, fing sofort an zu heulen. „Mama, die sind alle so fies zu mir", schluchzte
sie. „Was ist denn los?", fragte ich. „Die Sarah und

die Anna wollen mit mir nichts mehr zu tun haben, nur weil ich gesagt habe, dass Tokio Hotel Scheiße ist!". „Aber Tokio Hotel ist Scheiße!", entgegnete ich ihr. Irgendwie hatte ich das Gefühl, dass Sarah und Anna etwas zurückgeblieben waren, denn wer zum Geier interessiert sich denn noch für Tokio Hotel?

„Ach, Schnackchen, ihr sollt doch nicht wegen einer so dummen Band streiten! Jeder hat sein eigenen Geschmack, das solltet ihr respektieren!". „Ja, finde ich auch". „Und wo ist nun das Problem?". „Ja, die wollen, dass ich Tokio Hotel auch gut finde!". „Und wenn die wollen, dass du acht Big Macs in dich reinstopfst, bis du kotzen musst, machst du das auch mit?". „Hnee, bestimmt nicht!". „Siehst du, Schnackl, bleib immer bei dir selber!". „Mama, hmmpf, acht Big Mac, wer ist denn so blöd und stopft die in sich rein?". „Ja, genau! Wer ist denn so blöd?". (Die richtige Antwort hätte gelautet: Die Amerikaner sind es!)

Lena und ich gingen in unsere Wohnung. Im Treppenaufgang bemerkte ich einen bestialischen Gestank. Dann sah ich, dass bei Frau Mertens fremde Schuhe vor der Wohnungstür standen. Daneben einen gammeligen Koffer, der seine besten Jahre schon 1936 hinter sich hatte. Dieser Geruch erinnerte mich an die tote Ratte, die mir Bobby einmal als Geschenk mitbrachte. *„Ah, ja, so riechen Ratten also, wenn sie sich wieder einnisten wollen, wegen der kleinen Rente und weil sich die jüngere Freundin geschlichen hat.* („Wegen des Gestankes wahrscheinlich!")

Nach dem Mittagessen bekam Lena Bauchweh. Ich weiß nicht, ob es an den Nudeln mit laktosefreier Sahne lag, oder an dem Stress, den sie mit ihren

Freundinnen hatte. Jedenfalls legte sie sich auf die Couch. Dort schaute sie eine Stunde lang Spongebob an. „Mama, Hmm, kannst du mir eine Entschuldigung schreiben, für morgen, denn ich kann heute meine Hausaufgaben nicht machen!". „Aber hallo? Es ist gerade mal drei Uhr. Da hast du doch noch genügend Zeit dafür!", entgegnete ich ihr. „Aber Mama, das machen Sarah und Anna auch immer, wenn sie ihre Hausaufgaben nicht gemacht haben!". „Schnackl, wie war das eben mit den acht Big Macs?".

Lena grinste. Also konnte ihr Bauchweh auch nicht so schlimm sein. Nach einer zwanzigminütigen Bauchmassage mit Hilfe von Franz Branntwein und einem erfolgreichen Stuhlgang eine Stunde später, erledigte sie ihre Hausaufgaben. „Mama, Hmm, ich hab dich lieb!". „Hmm, ich dich auch, mein Schnackl".

Dann fuhr ich nochmal in das Autohaus. Ich betrat die Theke in dem kleinen Tankstellenshop. Linkerhand befand die Ausstellungshalle, üppig ausgestattet mit den gerade mal drei Neuwagen. *„Echt süß!"*. Dann beobachtete ich eine blonde Frau, so um die fünfzig, wie sie bei einem Kunden die EC-Karte durch den Schlitz des EC-Kartenlesers zog. Als sie mit dem Vorgang fertig war, begrüßte sie mich. Sie dachte wohl, dass ich ein Kunde sei.

„Hallo, mein Name ist Astrid Lindner, ich möchte meine Bewerbung bei ihnen persönlich abgeben!", säuselte ich ihr handschüttelnd ins Ohr. Sie musterte mich. „Sind sie die Frau Unger?", fragte ich naiv, denn ich hatte sie ja schon im Internet gesehen. Sie bejahte meine Frage und wollte gleich wissen, aus welchem Ort ich komme. Ich erklärte ihr, dass ich nur zehn Autominuten entfernt lebte. Das fand sie ganz positiv. Ich fügte hinzu, dass ich bereits in einem Autohaus gearbeitet hatte. Das verhalf ihr sogar zu einem Lächeln. Ich lächelte freundlich zurück. Anschließend erzählte ich ihr, in welchen Bereichen ich gearbeitet hatte. Dabei drückte ich ihr meine frisch gedruckten Bewerbungsunterlagen in die Hand.

„Also, dann erzähle ich ihnen mal, um welche Arbeitszeiten es bei uns geht: Montag und Dienstag, von 7 Uhr früh bis 16 Uhr! *Scheiße, Lena!*". „Und dann jeweils am Vormittag. Einmal im Monat am Samstag, aber dafür hat man dann einen Tag in der Woche frei", erklärte mir Frau Unger. Ich nickte. Gleichzeitig wurde mir klar, dass Lena alleine aufstehen, frühstücken und pünktlich aus dem Haus gehen müsste. Das müsste ich mit ihr trainieren. Auch müsste sie alleine heimgehen, aber das war sie ja mittlerweile gewohnt. Aber nur montags und dienstags. Und: Ich verspürte wieder diesen Druck in meiner Brust, den ich schon bei dieser Firma SFAM hatte!

„Ja, das ist alles kein Problem", antwortete ich, denn ich wollte diesen Job unbedingt haben. Oder einfach nur einen Job, der mein Girokonto füllte. Frau Unger konnte Gott sei Dank meine Gedanken nicht lesen. Aber sie war sehr erfreut darüber, dass ich mich bei ihrem Unternehmen bewarb. Sie schlug mir vor, meine Bewerbungsunterlagen ihrem Mann zu zeigen. Sie würden sich dann bei mir melden, wenn ich in die nähere Auswahl käme. Ich freute mich, schüttelte ihr die Hand und verließ das Autohaus.

Abends lag ich im Bett und konnte wieder einmal nicht einschlafen. Ich dachte wieder an das Autohaus.

„Was ist, wenn da wieder eine Natter unterwegs ist, um ihr Unheil anzurichten? Ich dachte weiter: *„Wie könnte ich damit umgehen? Auf jeden Fall keine acht Big Macs fressen! Aber wie könnte ich mir einen Panzer zulegen, dass solche Natter-Attacken mich nicht so bedrängen? Du bist ja auch wirklich keine tolle Ratgeberin für deine Tochter, wenn du mit solchen Dingen nicht vernünftig umgehen kannst! Wie würde Lena mit den Arbeitszeiten klar kommen? Sie ist gerade mal sieben Jahre alt. Und soll sie sich in diesem Alter ihr Frühstück und Mittagessen schon selber zubereiten? Das geht doch gar nicht!".* Weiter grübelte ich, wie das im Landratsamt wäre: *„Gäbe es da auch eine Natter?".* Oder noch schlimmer: *„Ein Natterich? Welche Arbeitszeiten hätte ich dort zu befürchten?".*

Bobby hüpfte in mein Bett und lies mich noch schlechter schlafen. *„Na, du? Sollen wir wieder eine Party für zwei veranstalten?".* „Schnurr...!". „Gut, dann mach ich mal eben eine Flasche Weißwein auf. Und du kümmerst dich darum, mich zu unterhalten! Gell?". Die Flasche war schneller geöffnet, als Bobby kurz sein linkes Auge öffnete. Er schlief dann weiter – in meinem Bett. Ich saß im Wohnzimmer, starrte die Decke an, die mich daran erinnerte, dass sie mal wieder gestrichen werden muss. *„Blöde Decke, du kostest wieder viel Geld! Und wenn Bobby mich nicht unterhalten kann, dann hab ich ja noch den Fernseher! Zapp!".*

Ich blieb bei den Nachrichten hängen: Hartz4-Empfänger mit Kindern fordern mehr Geld für ihre heranwachsende Sprösslinge. Weil die mehr Kleidung und Nahrung benötigen. *„Ach ne! Ist ja mal was ganz*

Neues? War mir bislang noch nie aufgefallen!". Und:
*„Wann kommt denn der Bericht über alleinerziehende
Mütter, die sich am Arbeitsplatz den Arsch sechs
Stunden täglich aufreißen und abrackern, nur weil sie
für ihre heranwachsenden Kinder Kleidung und Nahrung benötigen. Kinder, die den Kühlschrank leer
fressen und die Vorratskammer plündern. Kinder, die
mehr futtern als eine Kompanie deutscher Soldaten.
Und: Die Alleinerziehenden, die um zehn Uhr abends
immer noch in der Küche oder Waschküche stehen.
Abgesehen von diversen schmutzigen Toiletten und
unsauberen Böden, die auf Reinigung am Wochenende warten.*

Ich schaltete den Sender um, weil ich mich nicht weiter ärgern wollte. Aus lauter Wut über diesen Bericht,
trank ich gleich ein zweites Glas Wein. Auf einem
anderen Programm berichteten sie über einen Schüler,
der seinen ehemaligen Berufsschullehrer erstach. Ein
wenig konnte ich den Schüler schon verstehen, denn
es gibt so viele Lehrer, die einem die ganze Zukunft
versauen können. Oft nur wegen einer einzigen Note!
Aber muss es deshalb gleich Mord sein? Eine Sardelle
in einer Lehrertasche mitten im August hat noch keinem geschadet. Ich zappte weiter am Fernseher herum, beschloss dann aber, lieber einen Einkaufszettel
für den nächsten Tag zu schreiben. Denn der Kühlschrank kostete mehr Strom, als sein Inhalt wert war.

Am nächsten Morgen fuhr ich Lena zur Schule. Danach ging es postwendend mit meinem Körbchen
unter dem Arm zum Discounter. Am Parkplatz angekommen, sah ich neben dem Lebensmittelladen einen
Rohbau. Ich fragte mich, was da wohl Neues entste-

hen würde. *„Vielleicht ist der Bauherr ein potenzieller neuer Arbeitgeber für mich?"*. Ich ging näher ran. Las das große Schild der Baufirma. „Lotta" stand drauf. *„Merken! Googeln! Anrufen, fragen!"*.

Ich gab beim Discounter wieder mal 85€ aus. Eigentlich wollte ich doch nur eine Packung Hackfleisch, Tomatenmark und Nudeln einkaufen. Leider waren in meinem Körbchen, neben einer Packung Schokolade und Cornflakes, auch Nutella, Milch und Limonade. Noch ein Kinderriegel für 1,95. Und Bobbyfutter. Eine Flasche Wein, für nur 1,95€. (Und der Preis für den Wein war im Gegensatz zu einem Einschlafmittel, welches mir die Krankenkasse nicht bezahlen würde, günstig!)

Auf dem Weg nach Haus überlegte ich mir, ob ich zu D-Mark-Zeiten jemals 4 Mark ausgegeben hätte, für eine Packung Kinderriegel. Ich erschrak wieder einmal. Nein, es schnürte mir alles zu, denn ich war dieser Wirtschaftsform hoffnungslos ausgeliefert. Ich persönlich kann auf Kinderriegel verzichten, aber Lena nicht. Und wenn schon kein Urlaub in den nächsten Jahren in Sicht war, dann darf es doch zumindest eine Packung Schokoriegel sein, oder?

Alles war erschreckend, denn ich hatte zu D-Mark Zeiten nie 170 Mark ausgegeben, für so wenig Lebensmittel in meinem Körbchen. Lebensmittel, die Lena und mich zwei Tage überleben ließen. (Früher – in den Zeiten ohne Kind – da waren in meinem Körbchen zwei Jeans und drei Tops! Eventuell noch ein paar Schuhe und ein BH!)

„Wie hieß die Baufirma noch? Lotta!". Ich knallte den 85€ teuren Einkaufskorb in die Küche. Dann googelte ich nach der Firma Lotta. Drei Minuten später hatte ich eine super nette Sekretärin am Apparat, die ich am liebsten gleich auf einen Kaffee eingeladen hätte. Sie sagte mir, dass ein neues Yogazentrum in unserem Örtchen entstehen würde. Sie gab mir eine Telefonnummer. Sie wünschte mir viel Erfolg, bei der Suche nach einem neuen Arbeitsplatz. Dies ließ in mir wieder Hoffnung hochkommen, dass es doch noch Menschen mit emotionaler Intelligenz gibt.

Wenige Sekunden später rief ich die Yogatante an. Yoga interessierte mich nicht die Bohne, aber egal! Ich sprach ihr auf den Anrufbeantworter, weil sie wahrscheinlich gerade channelte. Und ich wollte sie bei ihrer Kommunikation mit Gott und seinen Engeln nicht stören. „Hallo, Astrid Lindner hier, ich habe gehört, dass sie ein Yogazentrum aufmachen. Ich bin auf der Suche nach einem Job. Wenn sie irgendeine Möglichkeit sehen, wenn sie für mich einen passenden Job hätten, würde ich mich auf ihren Rückruf freuen. Meine Nummer: 088… – Dankeschön, auf Wiederhören!", säuselte ich.

Ich ließ mir viel Zeit, um den Inhalt des Einkaufskorbes in den Kühlschrank zu schichten. Da merkte ich, dass da was ganz Fieses, ganz Öliges auslief. Es war schon im Gemüsefach gelandet, auf der Paprika. Es tropfte und zog Fäden wie Kaugummi, als ich die Paprika herausnahm. Darunter grün-blauer Schimmel, mit Öl gepolstert. *„Lecker!"*. Meine Hände tropften, die Paprika landete auf dem Boden, während gleichzeitig das Telefon läutete. *„Die Yogatante? War sie* *fertig mit channeln?"*. „Lindner!", hob ich ab, ohne vorher meine Hände waschen zu können. Ich klemmte den ölverschmierten Hörer zwischen Ohr und rechter Schulter. Nebenbei versuchte ich meine Hände notdürftig abzuwaschen. Da glitt mir der Telefonhörer ab, wie Scrat von Ice Age. Der Hörer landete im Spülbecken. *„Verdammter Mist!"*. „Sind sie noch da?", fragte ich nervös, während ich den öltriefenden Hörer wieder zwischen Ohr und Schulter klemmte. „Sie riefen bei mir an, weil sie an einer Stelle interessiert sind?". „Ja, genau!".

Ich schickte der Dame voraus, dass ich ihre Nummer von der Baufirma hatte, dass ich mich für einen Job hauptsächlich halbtags interessierte, da ich eine Tochter mit sieben Jahren habe. Und ich stellte mir eine Tätigkeit im Bereich Terminvergabe und Kundenakquise vor, während mir der verdammte, ölverschmierte Hörer immer wieder zwischen Schulter und Ohr herunterrutschte. Dann stieg ich auf die Paprika. Vorsichtshalber blieb ich erst mal so stehen. Ich wollte nicht noch den ölverschmierten Paprikaschimmel eine Chance geben, sich den Rest meiner Wohnung anzuschauen.

„Sie haben eine wirklich nette Stimme!", sagte die Dame. Ich bedankte mich für das Kompliment, während es schon unter meinem rechten Fuß zu jucken begann. „Also, sie wollen ein Yogazentrum errichten. Und was kann ich dann dort für sie tun?", fragte ich. „Also, das Yogazentrum ist eine gemeinschaftliche Aktivität, eine ganz solide Sache. Das Zentrum schafft Arbeitsplätze und fordert den Einzelnen heraus, verlangt eine Menge Eigeninitiative. Denn viele Menschen suchen nach Möglichkeiten, ihr Einkommen durch alternative Einkommensquellen auszubauen. Die Chancen, die sie bei mir erhalten, sind in fünf Facetten erkennbar: Unabhängige Beschäftigung! Klassische Selbständigkeit! Direktvertrieb! Franchising! Network Marketing!". *„Hä? Was labert die Alte da?"*. „Alle diese Formen haben sicher ihre Vor- und Nachteile. Wobei das Network Marketing viele positive Aspekte selbständiger Beschäftigungen auf sich vereint: Keine beziehungsweise geringe Eigeninvestitionen. Weiterhin: Entscheidungsfreiheit. Selbstorganisierte Arbeitsschwerpunkte und Strukturen. Erprobte, etablierte Systeme. Keine regionalen Beschränkungen. Einstieg in die Selbständigkeit!".

Fazit: Ich stand auf einer Paprika, die mir fast schon die Hornhaut wegfraß. Ich verstand von diesem System nur: „Rhabarber, Rhabarber!". „Was ist Network Marketing?", fragte ich naiv. Meine Alarmglocken läuteten bereits lauter, als mein rechter Fuß brannte. Die Yogatante antwortete: „Jeder Networker arbeitet selbständig, ist gleichzeitig Teil eines Teams. Er geht pro aktiv auf Kunden und Geschäftspartner zu. Dass kann durch einen persönlichen, telefonischen oder schriftlichen Erstkontakt geschehen. Wo immer er seine Produkte präsentiert oder seine Geschäftspartner treffen möchte, das ist ihm selbst überlassen. Das Network Marketing lebt von der unternehmerischen Kraft einer Person!". *„Bahnhof!! Was für Produkte? Ähnelt das Networking einer Tupperparty! Einem Schneeballsystem?!"*.

„Wissen sie was? Ich denke, sie müssen mir das Prinzip irgendwann mal genauer erklären!". „Ja, dass glaube ich auch. Am besten, sie kommen morgen mal bei mir vorbei. Ist ihnen acht Uhr früh recht?", fragte sie. „Ja geht klar!". Sie nannte ihre Adresse. Aber ich hatte zum Notieren keinen Zettel und keinen Kugelschreiber in der Küche. Also liefen die Paprika und ich in mein Wohnzimmer, um etwas zum Schreiben zu holen! Dann musste ich duschen. Die Klamotten waschen, den Telefonhörer desinfizieren. Den Boden wischte ich auf, die Socken schmiss ich einfach weg. *„So bekommt man den Vormittag auch herum!".*

Lena hatte eine fünf in Mathe. Sie saß traurig beim Mittagessen. Stocherte in ihrem Essen herum. „Ach Schnackl, jetzt mach dir doch nichts draus. Das nächste Mal lernst du halt ein bisschen mehr, dann kannst du die fünf schon ausgleichen", versuchte ich sie zu trösten. „Aber ich hatte doch gelernt, nur die Textaufgaben waren so blöd formuliert, dass ich gar nicht wusste, was die von mir wollen", erklärte sie mir verärgert. „Hast du die Probe dabei?". Lena kramte in ihrem Schulranzen. „Esse jetzt erst mal. Ich schau mir die Probe mal genauer an".

Mich verwunderte gar nichts mehr: Lena sollte eine Dreisatzaufgabe lösen und eine Ratenzahlung berechnen! Sie wusste doch gar nicht was eine Ratenzahlung ist. Muss man das in der zweiten Klasse schon wissen? Und weiter sollte sie eine Textaufgabe lösen, in der nach einer Anzahlung gefragt war. Sie wusste natürlich auch nicht, was eine Anzahlung ist. *„Akademiker-Kinder hätten dies natürlich gewusst! Und nur, weil ich nicht studiert habe und noch nie auf die Idee gekommen bin, Lena solche Begriffe zu lehren, hat sie eine Fünf bekommen!".* Ich ärgerte mich über solch hochgestochenes Grundwissen, das man in Lenas Schule voraussetzte. Ein Wissen, das ich kaum habe, trotz eines qualifizierten Hauptschulabschlusses. Ich erklärte Lena die Begriffe. Sie konnte dann die Textaufgaben lösen, ohne dass ich ihr den Rechenweg erklären musste. *„Gott sei Dank, denn den Rechenweg hätte ich nicht gewusst!"*.

Am nächsten Morgen um Punkt acht Uhr stand ich vor der Tür der Yoga-Tante. Es war ein Privathaus. Sie war mir gleich sympathisch. Ungefähr so alt wie ich, nur weniger Falten auf der Stirn. *„Könnte am Yoga liegen!"*. Sie führte mich in ihr Büro und erklärte mir, wie sie ihr Yogazentrum einrichten möchte. Sie zeigte mir den Bauplan. Positiv gestimmt, sagte sie mir, dass sie von ihrem Vater finanziell unterstützt wird. Und sie schon mal schlechte Zeiten erlebt hatte, da ihr Mann plötzlich schwer krank wurde. Dass sie selber drei Kinder hat. Weiter erklärte sie mir, dass sie nie wieder in ein solches Loch fallen wolle, wie zuvor. Und da wäre ihre einzige Rettung, sich selbständig zu machen.

Dann erklärte sie mir das ganze Prinzip von Network Marketing. Sehr viele Prospekte und Anschauungsmaterial lagen auf ihrem Schreibtisch herum. Sie erklärte mir eine halbe Stunde lang, wie das Prinzip des Network Marketing aussieht. Ich konnte ihr einigermaßen folgen. „Und was kann ich nun aktiv für ihr neues Unternehmen beisteuern?", fragte ich nach. „Sie können: Filtertechnologie vom Besten an die Kunden bringen, oder: PiMag Ultra Shower (ein Duschkopf, welcher den Chlorgehalt reduziert), ein Wassersystem, welches Leitungswasser in PiMag-Wasser umleitet, oder ein Schlafsystem, welches mit modernster Magnettechnologie arbeitet. Weiter: Magnetpunkte an Fußsohlen, die unser allgemeines Wohlbefinden verbessern. Dann stellte sie mir eine Y-Achse vor, die eine magnetische, zweiachsige Rotation hat, deren Pole fortwährend in alle Richtungen weisen". *„Jetzt weiß ich auch, warum das mit meinem Orgasmus so selten klappt!".*

Sie stellte mir sogar eine Magnetmatte für Hunde vor! Dann kam der Schmuck mit Magnettechnologie dran. Weitere Nahrungsergänzungsmittel, damit in der Menopause keine Frau auf dieser Welt jemals eine einzige Hitzewallung mehr bekommt. Am besten fand ich die Kapseln mit dem Namen: „Ein neues Ich". *„Hätte Gott nicht gewollt, dass er in mir das sieht, was ich wirklich bin, hätte er mir bei meiner Geburt schon diese Kapseln in meine Plazenta legen können! Rezeptfrei! Hat er aber nicht!".* (Zumindest habe ich es nicht bemerkt!)

Dann sagte die Yogatante, dass man damit viel Geld verdienen könnte, so um die 17 € in der Stunde. „Und nochmal? Äh, wie kann ich mich denn aktiv in ihrem Yogazentrum einarbeiten?", löcherte ich sie. „Also direkt in meinem Yogazentrum können sie natürlich nicht aktiv werden. Es handelt sich lediglich um den Vertrieb der eben genannten Produkte, die man an den Mann oder die Frau bringen muss". Sie grinste bei dieser Aussage etwas blöd! *„Wie witzig!".* „Wenn man da richtig gut ist, wenn man sich zu einem „Gold-Verkäufer" hocharbeitet, kann es sein, dass die Herstellerfirma einem sogar die Miete oder die Autokosten – inklusive aller Nebenkosten – bezahlt". *„Hä?*

Welche Firma macht denn so einen Blödsinn?". Ich nickte verständnisvoll. Weiter erklärte sie mir, dass ich mich selbständig machen muss. Und, dass alle Einnahmen aus dem Verkauf der Produkte auf Prämienbasis erzielt werden. Außerdem müsste ich, um an diesem Konzept teilzunehmen, lediglich einen kleinen Betrag von nur 120 € investieren! Dann stünde dem Reichtum nichts mehr im Wege. (Ja klar, werde ich wirklich so blöd sein und da mitmachen?)

„Ich stellte mir gerade vor, wie ich beim Arbeitsamt dieses Verkaufskonzept präsentiere, um vom Staat einen Zuschuss für diesen Mist zu beantragen!". „Wissen sie, ich überlege mir das Ganze nochmal in Ruhe!". Ich stand auf, verabschiedete mich freundlich. Ich durfte alle Prospekte mitnehmen. „Man kann damit echt viel Geld verdienen! Es ist nicht so wie bei den üblichen Firmen, bei denen man nur 7 € netto hat", erklärte sie mir nochmals. Ich wollte nur noch raus. (Wenn man überlegt, dass es in Deutschland Hunderttausende von Menschen gibt, die diesen lächerlichen Betrag von 120 € dummerweise zahlen, dann kann die Firma sicherlich damit sehr gut leben!)

Zuhause angekommen war ich völlig durcheinander! Ich Googelte nach dem Begriff „Network-Marketing". Ich stellte fest, dass es so etwas wie ein Schneeballsystem ist, nach dem Motto „den Letzten beißen die Hunde". Der Begriff Network-Marketing sollte als Decknamen das „altbekannte" Schneeball-Konzept verbergen, welches dadurch aber nicht weniger illegal war. *„Astrid, hör auf dein Bauchgefühl!"*, sagte ich mir. Und weil ich gerade schon am Schreibtisch saß, zeichnete ich einen Cartoon:

Lena kam wieder mit Bauchschmerzen aus der Schule nach Hause. Sie hatte einen Brief mitbekommen. Ich öffnete ihn. Und bekam nun selber Bauchschmerzen. Ihr Mathematiklehrer riet unbedingt zur Nachhilfe! *„Herrgott, du blöder Mathelehrer! Ist dir noch nie ein Fehler unterlaufen? Oder bist du einfach nur zu blöd, um den Stoff zu vermitteln?"*. „Schnackl, ist nicht so schlimm. Dein Mathelehrer will, dass du Nachhilfe bekommst, aber du brauchst keine Nachhilfe in Mathe, sondern du brauchst Nachhilfe in Deutsch, damit du die Textaufgaben umsetzen kannst!", erklärte ich ihr. „Ja, Mama, das sehe ich genauso!". Den Brief unterzeichnete ich zur Kenntnisname und dachte: *„Du kannst mich mal, du Möchtegern-Pädagoge!"*.

Das Telefon klingelte. Ich hob ab, es war die Dame vom Autohaus, bei dem ich mich vor ein paar Tagen beworben hatte. *„Uhi!"*. Sie erklärte mir, dass sie und ihr Mann mich gern persönlich kennenlernen möchten. Ob es recht sei, wenn ich am nächsten Tag nachmittags um drei Uhr bei ihnen zu einem Vorstellungsgespräch vorbeikommen könnte. Ich bejahte, ohne mit der Wimper zu zucken und erwähnte noch, dass es mich unglaublich freut. Nachdem ich aufgelegt hatte umarmte ich Lena, die mich anschaute, als ob ich gerade einen Sechser im Lotto gewonnen hätte.

Die Aufregung und Freude, einen beruflichen Lichtblick am Himmel zu erkennen, lies mich einen Freudentanz im Wohnzimmer aufführen. Ich stellte mir vor, Lady Gaga zu sein. Nur die dummen Kostüme fehlten. Aber in meiner tänzerischen Laufbahn war ich genauso ungeeignet wie sie. Lena musste lachen. Sie machte die Vorhänge zu und tanzte mit. Bobby verschwand lieber unter dem Sofa.

Abends stellte ich mir vor, wie das wäre, wenn ich wieder in einem Autohaus arbeiten durfte. In fantasievollen Worten erklärte ich einem Kunden die Rechnung, oder machte Termine aus, natürlich immer zur vollsten Zufriedenheit der Kunden. Ich konnte mit meinen beiden neuen Kolleginnen Freudschaften aufbauen, die Chefin würde nach einiger Zeit auch eine gute Freundin sein. Wir alle saßen eines Tages am See und tranken Prosecco zusammen, oder machten ein Picknick. All das regte meine Fantasie und meine Träume weiter an, sodass ich mir final eine Gehaltserhöhung im Jahr 2015 vorstellte.

Außerdem würde ich jeden Morgen meinem Bett und den schlechten Träumen mit Leichtigkeit entfliehen, denn ich wusste nun ja, an jedem Tag war pure Harmonie angesagt. Und auf meinem Girokonto blieben hoffentlich jeden Monat sage und schreibe 20 € im Haben stehen, damit ich Reserven fürs Alter hatte. Oder, um mal alle sechs Monate beim Italiener essen zu dürfen. (Aber nur am Donnerstag, da kosten die Pizzen nämlich nur 5 €, ohne Getränk!).

Ich dachte an die Arbeitszeiten und wurde euphorisch. „Mama, was ist denn los?". „Schnackl, ich habe vielleicht wieder die Möglichkeit in einem Autohaus zu arbeiten!", schniefte ich. „Toll Mama!". „Ist schon toll, nur sind die Arbeitszeiten blöd. Ich muss zwei Mal in der Woche den ganzen Tag arbeiten, und noch einen halben. Und einmal im Monat an einem Samstagvormittag", erklärte ich. Lena schaute mich groß an. „Schnackl, das heißt, dass ich um sieben Uhr morgens schon im Autohaus sein muss. Und erst um vier Uhr nachmittags nach Hause käme. Du müsstest dir also dein Frühstück selber zubereiten, die Brotzeit einpacken, alleine in die Schule laufen!", versuchte ich ihr zu erklären. Lena schossen die Tränen ins Gesicht.

„Schnackl, jetzt warten wir erst mal ab, ob ich den Job überhaupt bekomme. Aber ich muss arbeiten. Hilft nichts, das Geld fällt leider nicht vom Himmel", erklärte ich ihr im ruhigen Ton. „Aber Mama, ich dachte das Geld kommt doch aus dem Geldausgabeautomaten!", konterte sie. „Schätzchen, nur wer arbeitet, darf sein verdientes Geld aus dem Automaten ziehen".

„Dann lass doch die anderen arbeiten, und du ziehst trotzdem das Geld aus diesen Automaten! Stehen doch genügend herum", sagte sie altklug. Und ich hatte das erste Mal das Gefühl, dass meine Tochter in die Politik gehen sollte.

Ich erklärte ihr das Konzept mit den Kontonummern, sowie das Sicherheitsprinzip mit den dazugehörigen Geheimzahlen. „Mama, hmm, wieso kann man denn nicht die Kontonummer und die Geheimzahl von Frau Mertens nehmen? Die hat doch genügend Geld!", bohrte sie altklug weiter. „Weil das Betrug wäre", erklärte ich ihr. Mein Gefühl bestätigte sich ein zweites Mal, dass sie eine perfekte Politikerin werden würde.

Am nächsten Tag: Mein Haushalt lenkte mich von dem Einstellungsgespräch am Nachmittag ab. Nervös putzte ich die Vitrine, in der das Geschirr meiner Oma stand, das ich noch nie benutzt hatte. Ich polierte die

kleinen Silberlöffel. Nahm mir auch die Kerzenstän-
der aus „Möchtegern"-Silber vor. Anlaufschutz stand
drauf! Aber keine Gewährleistung vor fünf Jahren!
Der Backofen hatte schon seit drei Monaten keinen
Putzlumpen mehr gesehen, also machte ich ihn mit
einem bekannt.

Überlegungen in meinem Kopf drängten sich zu einem Horrorfilm zusammen. Ein Film, in dem meine
Lena morgens zwischen sieben und sieben Uhr dreißig an ihrem Toastbrot erstickte. Niemand war da, um
ihr zu helfen. Oder: Ich war am ersten Tag in meiner
neuen Firma. Um viertel nach acht ruft mich ihre Lehrerin an, um mir zu berichten, dass Lena noch nicht in
der Schule angekommen sei. Und das, während ich
gerade an der Kasse war, einen unfreundlichen, wider-
lichen Kunden bedienen musste, der schon lange keinen Sex mehr hatte und deswegen seinen ganzen Frust
auf mich ablud. Weiter stellte ich mir vor, dass Lena
auf dem Heimweg wieder ihren Wohnungsschlüssel
verlor. Bei der anschleichenden Kälte musste sie drei
Stunden vor der Tür warten, während gleichzeitig in
meiner Wohnung Bobby laut plärrend auf sein Fres-
schen wartete.

Und ich stellte mir vor, dass Lena eines Tages vor
dem Computer sitzen würde und mit einem schick-
salshaften Klick in eine Abofalle laufen könnte, die
mich dann 36 Monate lang 60 € kosten würde. Alles
nur, weil das Kind die AGBs nicht verstanden hatte.

Ich holte Lena dann pünktlich um ein Uhr von der
Schule ab. Meine Hände rochen noch immer nach
Silberpolierputzmittel. Es gab am Mittag keinen
Schweinebraten. Nein: Lachsfischstäbchen mit Spinat

und angebratenen Kartoffelstückchen verpesteten an diesem Mittag meine Wohnung. Ich kleidete mich mit dem allerweltbesten Kleidungstücken meines Kleiderschrankes, benutzte das allerweltbeste Parfüm, welches ich mal 2005 zum Geburtstag geschenkt bekommen hatte.

Nervös fuhr ich um zwanzig vor drei Uhr los. Lena bekam wieder eine DVD eingeworfen, die sie schon zwanzig Mal gesehen hatte. Viel zu früh kam ich beim Autohaus an. Ich drehte noch eine Runde mit meinem Renault, während ich vor Aufregung kaum schlucken konnte. Ein Kaugummi verhalf mir wieder zu frischem Atem. Das Kaugummi spuckte ich instinktiv um Punkt drei Uhr vor dem Autohaus gegen eine der Zapfsäulen. *„Sollte das schon wieder ein Zeichen sein?"*.

Meine imaginäre künftige Arbeitskollegin brachte mich in einen separaten Raum, in dem schon Herr und Frau Unger, Besitzer des Miniautohauses, auf mich warteten. Freundlich gab ich ihnen meine zitternde Pfote und setzte mich. „Wir stellen uns jemanden vor, der montags und dienstags den ganzen Tag arbeitet und Freitagvormittags", erklärte mir Frau Unger. „Ach so, und was passiert am Mittwoch und Donnerstag?", fragte ich stirnrunzelnd. „Da nicht. Wir sind ein kleines Team, bestehend aus einer fest angestellten Dame, die Patricia. Und dann haben wir noch ein Lehrmädel". (Plötzlich sprach sie Bayrisch!)

Weiter fuhr sie fort: „Es handelt sich bei der Arbeit um die Bestellabwicklung des Shops, die Kassenbedienung, Terminvergaben und Telefondienst, aber des kenna sie ja sicherlich scho, weil sie ham ja scho amoi in am Autohaus gearbeitet". Ich nickte. Ihr Mann palaverte noch was von „Werkstattaufträge schreiben" und „Abrechnungen der Kasse, die jeden Montag drei Mal durchgeführt werden musste, denn es waren die Kassen der drei Aushilfen, die am Wochenende tätig waren". Ich nickte. Frau Unger erklärte mir den Tagesablauf: Ich nickte – verstand aber nur „Rhabarber". „Haben sie noch Fragen?", fragte Herr Unger. „Ja, also sie sind Neuwagenverkäufer, Gebrauchtwagenverkäufer und Werkstattmeister?". Herr Unger nickte stolz. Seine Frau nicht. (Was das Internet alles an Info rausrückt!)

Ich verabschiedete mich freundlich und sagte noch, dass eine Probearbeit vielleicht in beider Interesse liege. Dieser Satz beglückte das Ehepaar enorm und sie wollten sich telefonisch bei mir melden. Als ich nach Hause fuhr und auf die Uhr schaute, stellte ich fest, dass es das wohl kürzeste Einstellungsgespräch war, das ich jemals bestritten hatte. Ob dies ein gutes oder schlechtes Zeichen war, konnte ich nicht spüren.

Ich dachte an das Autohaus meines Vaters, in dem ich von 2000 bis 2004 tätig war. Schon standen mir die Tränen in den Augen. Altbekannte Bilder schossen in meinen Kopf, als ich an die Mitarbeiter der seinerzeitigen Mannschaft dachte. Plötzlich hatte ich das Gefühl, all diese Mitarbeiter im Stich gelassen zu haben. Und mein Versprechen gegenüber meinem Vater und all diesen Mitarbeitern nicht eingelöst zu haben. Ich fuhr rechts ran. Ich heulte. Aber ich konnte nach der Verpachtung des väterlichen Autohauses nicht wieder zurück. Warum? Weil dort Männer ihr Revier verteidigen! (Bobby macht das auch nicht anders!)

Zwei Tage später: Das Telefon klingelte. Frau Unger war dran. „Können sie morgen zu uns kommen, um Probe zu arbeiten?", fragte sie. Ich bejahte dies. Am nächsten Tag stand ich, nachdem ich Lena an ihrer Schule abgesetzt hatte, pünktlich um acht Uhr im Laden. *„Hat man erst mal Brot, findet man auch ein Messer",* dachte ich. Gefühlsmäßig war ich dem Sechser im Lotto näher als ein Millionär, der auf der Suche nach einer Currywurst war.

Eine Patricia und eine Bettina wurden mir vorgestellt. Sie duzten mich gleich, was die Atmosphäre deutlich auflockerte. Sie erklärten mir dies und das, aber ich verstand nur: Rhabarber! Ich füllte den Shop auf, kassierte schon mal ein paar Kunden. Nach zwei Stunden führte mich das Ehepaar Unger wieder in das private Büro. Sie sagten mir, dass sie nichts dagegen hätten, wenn ich gleich nächsten Montag um halb acht anfangen würde. *„Oh Gott Lena!".* Ich nickte zustimmend. Dabei dachte ich an mein Girokonto und an den Schuldenberater Zwegat.

Meine Lohnsteuerkarte legte ich sicherheitshalber – zur Vermeidung einer nochmaligen Bobby-Kotzattake – hoch oben auf den Schrank. Ich traute mich nicht, Lena zu erklären, dass sie nächsten Montag alleine aufstehen müsste, sich selber anziehen und sich selber Frühstück zubereiten müsste. Zwei Tage trug ich diesen Schmerz in meiner Brust herum. Ich konnte selber gar nichts mehr essen. Mein Darm reicherte sich krampfartig zu panikartigen Durchfällen zusammen, bei diesen angsteinflößenden Gedanken. An nächtliches Schlafen war nicht zu denken, denn jedes Mal wenn ich einschlief, schrak ich hoch, stand ich fast senkrecht im Bett. Bobby flog jedes Mal im hohen Bogen auf den Boden. Mein Herz raste. Ich fühlte mich wie auf der Überholspur der Autobahn zwischen Kassel und Basel bei 210 km/h als Beifahrer. (Als Beifahrer, der dem Fahrer nicht traute!)

„Mama, Hmm, was ist denn los?". „Schnackchen, ich habe den Job in dem Autohaus bekommen. Das heißt, dass wir es irgendwie hinbekommen müssen, dass du alleine aufstehst und dein Frühstück selber machst, die Wohnungstüre absperren musst. Und dass du ohne mich in die Schule laufen musst!", erklärte ich ihr, während mein Darm sich wieder meldete!

Lena heulte. Ich auch. Lena nahm mich in den Arm und tröstete mich. *„So weit ist es also schon gekommen, dass siebenjährige Kinder ihre Mütter trösten müssen, um den Druck aus ihnen herauszunehmen! Da wundert es mich nicht mehr, wenn Schüler Amok laufen, denn sie tragen ja doppelt Druck mit sich herum!".*

Lena schlief in dieser Nacht bei mir im Bett. Sie kuschelte sich an mich heran, wie ein Baby. Aber Babys schlafen friedlicher. Ich schlief gar nicht. Ich betrachtete Lena. Eine innere Stimme sagte immer wieder: Das kannst du nicht machen! Das packt sie nicht! Sie ist erst sieben Jahre alt!

Über das Wochenende trainierten wir, wie Lena die Wohnungstüre zusperren musste. Ich zeigte ihr, wo die Brotzeit und ihre Trinkflasche stehen, die sie nur noch in ihren Schulranzen stecken sollte. Weiter erklärte ich ihr, dass ich ihr die Anziehsachen schon am Abend zuvor herrichten würde und ihr das Frühstück schon montags morgens zubereiten würde. Außerdem würde ich sie um halb acht anrufen, damit sie wusste, wann sie loslaufen sollte. Und ich erklärte ihr den Umgang mit der Mikrowelle.

Dann bekam ich wieder eine Durchfallattacke. Die Angst um Lena spürte ich mit jedem Atemzug. Lena schaute mich nur mit traurigen Augen an, aber ich sagte ihr immer wieder: „Das packst du schon, mein Schnackl, du bist doch schon ein großes Mädchen!". Tief in mir wusste ich, dass es Wahnsinn war.

Montagmorgen: Der Wecker klingelte um 6.30 Uhr. *„Oh Gott, jetzt geht's los!".* Ich war nicht schlaftrunken, denn an eine Tiefschlafphase war die ganze Nacht über nicht zu denken gewesen. Dass ich zwei Nächte lang nicht vernünftig geschlafen hatte, das interessierte ja niemanden. Ich riss mich aber zusammen, denn ich wollte ja meinen Jackpot einlösen. Zitternd zog ich mich an, schminkte meine Tränensäcke über, kippte einen Kaffee rein und strich für Lena Nutella aufs Brot. Dann weckte ich sie um 7.05 Uhr und fuhr los. Es war, als würde ich meine Tochter für immer verlassen. Ich kam mir so alleine vor. Ich war nur halb wach. Und ich hatte einen riesigen Berg von Rhabarber vor mir, den ich in meinen Schädel bekommen musste.

Pünktlich um halb acht kam ich zitternd beim Autohaus an, immer mit dem Gedanken, dass ich gleich Lena anrufen musste. Ich parkte. Die Uhr in meinem Auto zeigte schon 7.31 Uhr an. *„Misst, verdammter, du kannst doch nicht schon am ersten Tag eine Minute zu spät kommen!".* Während ich ausstieg und in das Autohaus rannte, rief ich Lena an. Sie ging nicht ran.

„War sie schon weg? Oder ist sie wieder eingeschlafen?". Es machte mich wahnsinnig!

„Guten Morgen Frau Linder", begrüßte mich Frau Unger. Sie erklärte mir, wo ich meine Jacke und meine Tasche hinstellen sollte, dann drückte sie mir gleich eine Bestellliste in die Hand. Ich sollte durch den Shop gehen und die Waren in die Liste eintragen, die bestellt werden müssen. Im Schweinsgalopp erledigte ich diese Aufgabe. Machte dabei natürlich Fehler, denn ich hatte keine Ahnung, wo ich die „Häkchen" hinmachen sollte. „Ham sie in dem Autohaus, wo sie früher gearbeitet ham, denn net a solche Bestellungen gemacht?", fragte sie mich. „Ah, doch, nur die Liste hier ist ein wenig anders", erwiderte ich und dachte: *„Dumme Nuss! Ich habe noch nie Bestellungen gemacht, denn ich war in Vermietung, Kasse und Terminvergabe tätig! Hast du jemals meine Bewerbung richtig gelesen? Außerdem gab es damals gar keinen Shop"*.

Ich schaute auf die Uhr: 08:15! Beide Ohren waren auf meine Handtasche gerichtet, um das Klingeln nicht zu überhören, wenn die Schule anrufen würde, um mir mitzuteilen, dass Lena nicht gekommen ist. Ich hörte nichts, war aber verunsichert. Dann kamen Patricia und Bettina. Frau Unger verabschiedete sich, denn sie wollte joggen gehen. *„Gott sei Dank, schön für sie!"*.

Meine innere Stimme sprach zu mir: *„Das ist alles falsch hier! Ich stehe in einem Pippi Autohaus, während ich selber Anteile an einem Autohaus habe, welches mein Vater aufbaute. Ich habe keine Ahnung von Bestellungen. Die haben bei meiner Bewerbung gar* *nicht richtig hingeschaut, aus welchem Bereich ich wirklich komme. Und die Sorge über Lena frisst mich förmlich auf!".*

Patricia erklärte mir weiteren Rhabarber, den ich nicht verstand. Es war definitiv Buchhaltung, von der ich keine Ahnung hatte. Ich hasste Buchhaltung schon immer. Das alles machte mir ein Gefühl von trockenem Hals. „Du gehst in dem Programm hier her, verbuchst die Wareneingänge der eben bestellten Ware auf diese Seite und druckst es aus. Dann gehst du wieder zurück. Unter SOV gibst du die gleichen Positionen wieder ein und gehst dann auf Abbrechen, um nochmal die Ausdrücke zu überprüfen und dann auf F9, damit alles seine Ordnung hat". *„Hä, wieso das denn?".* Ich schaute verwirrt! Die Ausdrucke kamen aus einem der drei Drucker heraus. Patricia erklärte mir weiter, dass es einen Ordner gibt, in dem all dieses Zeugs abgelegt wird. Ich sah mir den Ordner an, er schien 35 Jahre alt zu sein. Die Klammer fehlte. Der Ordner war so vollgestopft, dass nicht mal mehr ein Jungfernhäutchen hinein gepasst hätte.

Dann erblickte ich die Telefonanlage, die mindestens so alt war, wie mein Jungfernhäutchen. *„Manchmal bleibt die Welt in manchen Regionen einfach stehen. Während es manchmal auf dieser Welt Regionen gibt, bei denen man nichts mehr mitbekommt. Oder auch nicht will".*

Ich schaute rechts von mir in eine „Art" Ablage. Ich stellte verwundert fest, dass dort ein paar Bewerbungsmappen lagen, die zurückgeschickt werden mussten. Es waren rund 20 Mappen. Bettina saß schon vor dem Rechner. Sie arbeitete die jeweiligen Absagen heraus. „Wow!", stellte ich fragend fest, „so viele haben sich hier beworben?". „Ach, das hier ist nur ein Teil davon, die restlichen 80 Stück haben wir bereits zurückgeschickt. „Oh, kann ich dir denn irgendwas helfen?", fragte ich. Denn ich hätte gern in die Bewerbungsmappen der anderen Kandidaten geschaut, um herauszubekommen, warum sie sich gerade für mich entschieden hatten. „Ja, du kannst mir beim Kuvertieren helfen", entgegnete sie. Dabei drückte sie mir den Stapel Mappen in die Hand. Ich blätterte darin herum. Tat so, als ob ich nach der Adresse suchen würde, denn die Firma Unger besaß keine Kuverts mit Durchsicht-Fenster. Ich musste deshalb die Adressen per Hand drauf schreiben. Das tat ich auch und konnte lesen, dass sich dort mehr Buchhalterinnen beworben hatten, als ich dachte. Es waren sogar Kandidaten dabei, die studiert hatten. Eine wäre sogar 50 km täglich gefahren! Einfache Strecke! *„Doofe Nuss, die kennt die Spritpreise vermutlich nicht? Wahrscheinlich hätte sie die Hälfte ihres Verdienstes verfahren. Oder sie brauchte nur einen Stempel für die Arge?".* Bei einer Bewerberin musste ich lautlos loslachen, denn sie saß für das Bewerbungsfoto auf einem Traktor. (Warum eigentlich nicht? Sind doch eh alles gestellte Fotos. Und die Wahrheit kommt später oder früher eh heraus!)

Bei der Firma Unger gab es auch keine selbstklebenden Kuverts. Auch keinen altmodischen Schwamm in knalligem Orange, der vor 20 Jahren auf keinem Schreibtisch fehlen durfte. Ich erinnerte mich, dass der Befeuchtungsschwamm in einer grünen, runden Plastikschale steckte. Da dieser Betrieb seit 35 Jahren stehen geblieben war, ging ich davon aus, dass es irgendwo einen solchen Befeuchtungsschwamm gab. Ich fragte nach. „Ne, da musst du schon mit der Zunge ran", bekam ich zur Antwort. Ich benutzte meinen abgeschleckten Daumen. Dann ersatzweise Tesafilm, der nach der dritten Bewerbung leer war. Ich suchte nach einer Ersatzrolle und stieß dabei auf einen Schrank, in dem das blanke Chaos herrschte.

Das erste Mal in meinem Leben hatte ich kein schlechtes Gewissen mehr, wegen meiner seit zwei Jahren nicht mehr aufgeräumten Schubladen zu Hause. Hier wurde wohl schon seit 20 Jahren nicht mehr aufgeräumt. Alles, was nicht Niet und Nagelfest war, wurde hier einfach hinein gepfeffert. Ersatz-Tesafilm-Rollen fand ich natürlich nicht. Bettina kam zur Hilfe. In einer zusammengedrückten Schachtel ganz hinten, unter Aufträgen von 1995, fand sie die letzte Rolle. Sie kam nicht auf die Idee, neues Tesafilm zu bestellen.

„In was für einen Saustall bist du hier schon wieder geraten?", dachte ich, während ich Bewerbungen kuvertierte. Dann kam die Chefin rein. Sie brüllte ihren Mann zusammen, denn der hatte übersehen, dass ein Kundenfahrzeug am Tag zuvor abgeholt werden musste. Ihre kreischende Stimme durchbohrte meinen ganzen Körper. Ihr Mann saß am Schreibtisch, hilflos wie ein Schulbub in der ersten Reihe. Es reichte Frau Unger nicht, dass sie ihren Mann zur Schnecke gemacht hatte. Nein, ihr Sohn, der in der Werkstatt arbeitete, bekam auch noch etwas von ihrer kreischenden Stimme ab.

Ich kuvertierte brav weiter Bewerbungen ein. Und ich dachte an meine Probezeit! *„Ist das nicht pervers? Ich* *erteile hier hunderten von Frauen, die sich beworben haben, eine Absage. Diese Frauen könnten zu 80% auch allein erziehbare Mütter sein, die ihren Kindern täglich Salamibrote auf den Tisch legen und in den Schulranzen packen müssen. Und ich? Ich denke an meine Probezeit. Und warum? Weil sie nicht richtig auf meine Bewerbungsunterlagen geschaut haben! Weil ich schon wieder eine kreischende Natter um mich herum habe! Und das an meinem ersten Arbeitstag um 10 Uhr morgens!".*

Arsch zusammenkneifend versuchte ich nichts zu sagen. Denn ich wollte unter keinen Umständen Aufsehen erregen. Leider musste ich schon wieder an eine Aktion mit einer Sardelle denken. Aber bei mittlerweilen gefühlten Null Grad Außentemperatur lohnen sich solche Sardellen-Aktionen kaum. Dann dachte ich an das Glück, dass ich hatte. Ein kleines Gefühl der Dankbarkeit kam in mir auf. Als ich mitbekommen hatte, dass den Leihwagen-Kunden noch nicht mal ein Durchschlag des Automietvertrages mitgegeben wurde, fragte ich vorsichtig an, was passieren würde, wenn die Polizei den Kunden kontrollieren würde. Denn ich wusste noch aus meiner früheren Tätigkeit, dass so etwas absolut verboten war. „Na, des hama ja no nie g`hapt!", kreissägte Frau Unger! Ich nickte. Wusste aber, dass der Zeitpunkt kommen würde! *„Sogar in Griechenland, auf jeder noch so kleinen Pipiinsel, bekomme ich einen Durchschlag des Mietvertrages – wenn mich dort die Polizei aufhielt, war es zwar nie wegen des Mietvertrages, sondern wegen des Ouzos! Aber egal!".*

In den Ordnern fand ich antike Klarsichthüllen, durch die man nicht mehr durchschauen konnte. Denn ist so eine Hülle erst mal 20 Jahre alt, verwundert mich es eigentlich, dass sie sich nicht von alleine in Luft auflöst. Oder, dass der Herr die Hülle sie zu sich geholt hat. (Der Herr würde die Klarsichtfolie fragen: Und hattest du ein erfülltes Leben? Die Klarsichtfolie würde antworten: Habe nach drei Tagen auf Erden nichts mehr gesehen! Der Herr würde weiter fragen: Und willst du wieder auf die Erde zurück? Und die Klarsichtfolie würde antworten: Klar, gib mir noch mal eine Chance als Jungfernhäutchen!)

Ich sorgte mich um Lena. Es war kurz nach ein Uhr Mittag. Um halb zwei durfte ich dann auch endlich Mittagspause machen und hörte wieder das herzlichste Wort aller Wörter, das es in Bayern zur Mittagszeit gesprochen wird: Mahlzeit!

Was will uns dieses Wort eigentlich sagen? In Bayern soll es so viel heißen wie: Lass es dir schmecken, oder auch nicht. Könnte aber auch heißen: Geh jetzt, und komm ja pünktlich wieder. Oder: Geh dich mal ordentlich auskacken, das hast du dir nach fünf Stunden Arbeit verdient! All das tat ich natürlich nicht. Sondern: Ich rief sofort Lena an. Sie war auch gleich am Telefon. Ich war beruhigt. Lena erklärte mir, dass sie schon eine ganze Packung Chips zu Mittag gegessen hatte. „Ach Schnackl, du solltest doch die Nudeln mit Tomatensauce in die Mikrowelle tun, wie ich es dir erklärt habe!", sagte ich. Aber Lena meinte nur: „Ach Mama, jetzt bin ich aber schon satt!". „Na gut, also dann bis später! Bussi!". Ich legte auf und widmete mich wieder dem Rhabarber.

Um 16.45 Uhr war ich nach acht Stunden wieder zuhause. Mein Schädel fühlte sich an wie eine zermatschte Melone. Ich kam ins Wohnzimmer und fand das blanke Chaos vor: Chipsbrösel auf dem Sofa, Bobby schlief mittendrin. Eine angenagte Bananenschale gammelte in einem Schokopudding-Becher vor sich hin. Der Fernseher brüllte mich mit Werbung an. In der gesamten Wohnung brannte das Licht. „Schnackl? Bist du da?", brüllte ich durch die Wohnung und stellte den Fernseher leiser.

Lena war nirgends aufzufinden. Ich ging auf die Straße. Ich schrie nach ihr, aber sie war nicht auffindbar. Zurück in der Wohnung stellte ich fest, dass ihre Schuhe zwar im Gang standen, aber ihre Jacke fehlte. Ihren Schulranzen hatte sie wie jeden Tag in das gleiche Eck geschmissen. Also hatte sie ihre Hausaufgaben noch nicht gemacht. Ich hatte Angst. Erst gestern hatte ich in der Zeitung gelesen, dass ein elfjähriges Mädchen in der Wohnung einer alleinerziehenden Mutter sexuell missbraucht worden war. Weil das Mädchen alleine zuhause war, während ihre Mutter arbeiten musste. Blankes Schaudern lief mir über den Rücken.

Ich versuchte mich zu konzentrieren. Meditativ wollte ich eine Verbindung zu Lena herstellen. Das können nur Mütter! Eine innerliche Stimme sagte mir, dass ich rechter Hand suchen müsste. *„Rechter Hand! Da wohnt Frau Mertens*!". Ich klingelte bei Frau Mertens. Die stinkenden Schuhe standen immer noch vor ihrer Türe. Frau Mertens öffnete ihre Tür. Sie sah blendender als je zuvor, dennoch hatte sie schwarze Augenränder. „Ist Lena bei ihnen?", fragte ich. „Ja, die sitzt bei meinem Mann. Sie lernen Grammatik. Wissen sie, mein Mann war Deutschlehrer. Er ist froh, dass er einer so bezaubernden Maus seinen Stoff vermitteln darf!". „Seinen Stoff?", fragte ich verwundert. „Ja, kommen sie und sehen sie, was für ein wunderbarer Mensch mein Mann ist!".

Ich folgte ins Wohnzimmer von Frau Mertens. Fand Lena fröhlich sitzend beim Mann von Frau Mertens vor. „Mama! Du bist ja wieder da! Ich hatte Angst alleine. Da bin ich einfach zu Frau Mertens gegangen. Und stell dir vor, ihr Mann ist Deutschlehrer und bringt mir Grammatik bei". „Hey, Schnackl, das ist ja großartig!", antwortete ich ihr und begrüßte gleichzeitig Herrn Mertens, der voller Elan war, um Lena zu helfen.

Herr Mertens ist ein großer Mann. Man könnte ihn vergleichen mit einer deutschen Eiche. Für sein Alter hatte er noch verdammt viele Haare auf dem Kopf. Er hatte ein Hamstergesicht, es hätte aber auch ein Meerschweinchen sein können. Frau Mertens war sichtlich stolz auf ihren Mann. Sie hatte dieses Leuchten in ihren Augen, das normalerweise nur bei verliebten Teenagern zu beobachten ist. Sie bot wieder Kekse an. Ich erinnerte mich an die steinharten Kekse, die sie einst mir und Lena schon mal angeboten hatte. Ich blickte in die Begonien, um zu sehen, ob sich Lena der Kekse schon entledigt hatte, aber ich konnte nichts erkennen. „Mama, ich darf jetzt jeden Montag und Dienstag zu Herr Mertens, wenn du nichts dagegen hast!", entgegnete Lena freudenstrahlend. „Warum soll ich was dagegen haben?", antwortete ich ihr und war sichtlich erleichtert, eine Sorge weniger zu haben.

Herr Mertens erzählte mir seine Geschichte. Wie es dazu kam, dass er sich eines Tages in eine jüngere Frau verliebte. Dabei machte er sich genüsslich ein zweites Bier auf, das ihm seine Frau gerade gebracht hatte. *„Manche Gewohnheiten ändern sich wohl nie!"*. Er stellte sich dar, als wäre er ein Hengst, dem wild und unersättlich die gesamte Frauenwelt hilflos ausgeliefert wäre. Er meinte, dass er nichts dafür konnte. Aber geliebt hatte er immer nur seine Frau. Dabei schaute er Frau Mertens verliebt an, strich ihr dabei über die Hüften. Mich ekelte! Frau Mertens stieß einen spitzen Schrei aus und lachte verliebt. Ich grinste gönnend und dachte: *„Na, der Hengst wohnt ja noch immer bei dir. Und wie lange wird es dauern, bis er wieder ausbricht?"*.

Ich trank mit Herrn Hamstergesicht ein Bier, weil die Stimmung irgendwie gut war. Ehrlich gesagt verbreitete er eine positive Aura, die ich schon seit Jahren nicht mehr gespürt hatte. Und weil die Stimmung immer besser wurde, konnte ich Frau Mertens endlich verstehen. Konnte ich verstehen, warum sie nur ihn und niemanden anderen haben wollte. *„Nur würde ich ihm seinen Hengst nicht verzeihen können, aber egal!"*. Frau Mertens stellte weitere Flaschen Bier auf den Tisch. Lena ging in unsere Wohnung, um zu spielen.

Hackevoll kam ich um neun Uhr abends in meine Wohnung. Mein Gesicht glühte vor Alkohol. Die Wohnung sah immer noch wie ein Schweinestall aus. Ich musste am nächsten Morgen wieder fit sein und neuen Rhabarber in meinen Kopf bekommen. Lena ging postwendend ins Bett. Ich schwankte durch die

Wohnung, um zumindest die Brotzeit und die Flasche für Lena vorzubereiten. Dann flog ich ins Bett. Mein Wecker schwankte im gleichen Takt wie meine Hände, als ich versuchte, ihn auf 6.30 Uhr zu stellen.

6.30 Uhr: *„Gott, Hilfe, wo bin ich? Körper noch da? Ja! Mist! Rhabarber in meinen Kopf bringen. Den ganzen Tag arbeiten. Lena alleine zur Schule. Und wieder heim. Dann ist sie wieder den ganzen Nachmittag alleine oder bei dem ... äh, dem Hamstergesicht!".*

Kaffee ins Gesicht, schnell was angezogen, dann Lena um 7.05 Uhr wecken. Fünfzehn Minuten später stand ich wieder in diesem Saustall. Eine Kundin hatte es besonders eilig. Die Zahlung ihrer Tankrechnung ging auf irgendeine Abrechnungsposition, von der ich noch nie etwas gehört hatte. „Das geht auf Personal-Leasing!", entgegnete sie mir arrogant. Ich wusste nicht, was ich tun sollte. Patricia kam zur Hilfe und klopfte unter „Renner" eine fünfstellige Nummer in die Kasse ein. Dann folgte der Betrag. Währenddessen sollte ich unter dem Namen der Firma die Kundennummer raussuchen, in einem Ordner, der neben der Kasse stand. Ich blätterte und blätterte. Konnte unter „P" keinen Firmeneintrag finden. „Sie müssen schon unter „L" schauen! Kennen sie das Alphabeth nicht?", fragte mich die arrogante Kuh. Ich entschuldigte mich. Sagte der Kundin, dass ich erst den zweiten Tag in dieser Firma bin. „Pff, also das Alphabet zu kennen hat doch nichts damit zu tun, dass sie erst den zweiten Tag in dieser Firma arbeiten", erwiderte sie noch arroganter. Ich sagte nichts, ärgerte mich aber gnadenlos über so eine emotionslose Unbegabtheit. Die Kundin ging. Sie rief mir noch hinterher: „Und schön das Alphabeth lernen!". Sie stieg in ihren Audi A6. Ich wünschte ihr die Pest auf der Autobahn. Nur rein gedanklich! Zehn Minuten später sah ich den Krankenwagen und die Feuerwehr mit Blaulicht Richtung Autobahn vorbeifahren! *„Na also, klappt doch!"*.

Drei Wochen später: Den Rhabarber hatte ich immer noch nicht so genau in meinem Kopf, aber zumindest konnte ich mich mittlerweile durchwurschteln. So, dass es niemand auffiel, dass ich von dem ganzen Zeugs nichts verstand. Buchhaltung kann man auswendig lernen, ohne den genauen Hintergrund zu kennen. Zumindest hatte ich festgestellt, dass Patricia und Bettina nichts anderes taten, denn all ihre Erklärungsversuche waren Rhabarber.

Lena war jeden Montag und Dienstagnachmittag bei Herrn Hamstergesicht. Darüber war ich froh, denn der konnte ihr sehr gut in Grammatik helfen. Dafür lud ich Herrn Hamstergesicht und seine Frau von meinem ersten Gehalt zum Chinesen ein. Da gab es auch ordentliches Bier für Herrn Mertens. Frau Mertens entpuppte sich als liebevolle Frau, die jetzt überhaupt nicht mehr langweilig war. Und mir nicht mehr auf die Nerven fiel. Während wir so beim Chinesen saßen und auf das Essen warteten, fiel mir folgender Cartoon ein, den ich später auch zeichnete:

Und dann saß ich wieder in dem Saustallbüro. Und ich fror! *„Und wenn ich so weiter friere, werde ich mich einfach bei McDonalds bewerben!"*.

Ende